डॉ. हेडगेवार-श्रीगुरुजी प्रश्नोत्तरी

डॉ. हेडगेवार-श्रीगुरुजी
प्रश्नोत्तरी

डॉ. हेडगेवार-श्रीगुरुजी प्रश्नोत्तरी

महेश दत्त शर्मा

सत्साहित्य प्रकाशन, दिल्ली

प्रकाशक : सत्साहित्य प्रकाशन, 205–बी चावड़ी बाजार, दिल्ली–110006
सर्वाधिकार : सुरक्षित / संस्करण : प्रथम, 2018 / मूल्य : तीन सौ रुपए
मुद्रक : आर–टेक ऑफसेट प्रिंटर्स, दिल्ली ISBN 978-81-7721-375-1

DR. HEDGEWAR-SHRI GURUJI PRASHNOTTARI
by Mahesh Dutt Sharma ₹ 300.00
Published by Satsahitya Prakashan, 205-B Chawri Bazar, Delhi-110006

अपनी बात

राष्ट्रीय स्वयंसेवक संघ के संस्थापक डॉ. केशव बलिराम हेडगेवार अपने सामने बचपन से ही एक उच्चतम ध्येय रखकर काम करते रहे। अठारह वर्ष लगातार विचार व तपश्चर्या करने के पश्चात् उन्होंने एक विचार-प्रणाली निश्चित कर राष्ट्रीय स्वयंसेवक संघ की स्थापना की। हिंदू राष्ट्र को वैभव के शिखर पर पहुँचानेवाले इस महान् कार्य को उन्होंने केवल पाँच स्वयंसेवकों के साथ आरंभ किया। आज इनकी संख्या करोड़ों में है।

संगठन केवल व्याख्यान से उत्पन्न नहीं होता। उसमें सजीव अंत:करणों को एक साँचे में ढालना होता है। एक ही ध्येय के लिए एक ही मार्ग पर चलनेवाले लाखों तरुणों को एक ही सूत्र में बाँधना होता है। संघ के स्वयंसेवकों जैसा बंधुत्व तथा ऐक्य-भाव अन्य स्थानों में शायद ही मिलेगा।

संघ-कार्य का जैसे-जैसे विस्तार हुआ, समाज में देशभक्ति, एकता की भावना, आत्मविश्वास और राष्ट्रीय गौरव-बोध जैसे गुणों की वृद्धि हुई; यद्यपि अभी वे पर्याप्त मात्रा में आ गए, नहीं कहा जा सकता। उनके लिए अभी और अधिक परिश्रम करना होगा। फिर भी, ये ऐसे गुण हैं, जिनसे संघ-कार्य का सीधा संबंध है। किंतु रोचक बात यह है कि संघ के परोक्ष प्रभाव से समाज में नैतिक परिवर्तन आता भी स्पष्ट देखा जा सकता है। राष्ट्र-जीवन के विविध क्षेत्रों में स्वयंसेवकों ने कार्य प्रारंभ किए हैं। उन्होंने तो उन-उन क्षेत्रों में न्यूनाधिक ही सही, विचार-क्रांति ला दी है।

संघ के द्वितीय सरसंघचालक श्री गुरुजी गोलवलकर की हिंदू राष्ट्र की विचारधारा राष्ट्र को समाज का मूल बताती है, इसीलिए भारत में संघ का टकराव अलगाववादी विचारधारा से शुरू से ही चल रहा है। संघ की स्थापना तो सन् 1925 में डॉ. हेडगेवार ने की थी, लेकिन इसे वैचारिक संघ का आधार द्वितीय सरसंघचालक माधव सदाशिवराव गोलवलकर उपाख्य गुरुजी ने प्रदान किया। डॉ. हेडगेवार संघ-निर्माण के मात्र 15 साल बाद ही गुजर गए, लेकिन जाने से पहले उन्होंने श्री गोलवलकरजी को संघ का द्वितीय सरसंघचालक नियुक्त कर दिया था।

सन् 1940 से 1973 तक, करीब 33 साल तक संघ प्रमुख के नाते श्रीगुरुजी ने न केवल संघ को वैचारिक आधार प्रदान किया, उसके संविधान का निर्माण कराया, उसका देश भर में विस्तार किया, पूरे देश में संघ शाखाओं को फैलाया; बल्कि इस दौरान देश विभाजन, भारत की आजादी, गांधी-हत्या, भारत-पाकिस्तान के बीच तीन-तीन युद्ध (कश्मीर सहित) एवं चीन द्वारा भारत पर आक्रमण जैसी ऐतिहासिक घटनाओं के भी साक्षी बने और उस इतिहास के निर्माण में लगातार हस्तक्षेप भी किया। गांधी-हत्या को लेकर आज भी संघ के प्रति चले आ रहे कांग्रेसी-कम्युनिस्ट झूठ और देश के इतिहास को समझने के लिए यह जरूरी है कि गोलवलकरजी को सही ढंग से पढ़ा जाए, समझा जाए और यह जाना जाए कि जिस महापुरुष के अंदर संसार विवेकानंद का तेज देख रहा था, उसे इस देश का एक वर्ग आखिर क्यों नहीं समझने का हठ पाले हुए है?

श्री गोलवलकर सही मायने में न केवल राष्ट्रीय स्वयंसेवक संघ (आर.एस.एस.) के सारथि थे, बल्कि बँटवारे के समय वे पाकिस्तानी हिस्से के उस हिंदू समाज के सारथि की भूमिका में भी थे, जिसे बँटवारे से उपजे सांप्रदायिक उन्माद से जूझने के लिए तत्कालीन नेहरू सरकार ने बेबस छोड़ दिया था। देश-विभाजन के समय त्रासदी में घिरी जनता के लिए लौहपुरुष व तत्कालीन गृहमंत्री सरदार पटेल ने कहा था, "लोगों को अपनी रक्षा स्वयं करनी होगी।"

भारत के प्रधानमंत्री नरेंद्र मोदी ने अपनी पुस्तक 'ज्योतिपुंज' में लिखा है—''भारत के करोड़ों नागरिकों का प्रतिनिधित्व करनेवाली हिंदुस्तान की संसद् ने गुरुजी को श्रद्धांजलि अर्पित की थी। इस महापुरुष ने संसद् के द्वार के भी दर्शन कभी नहीं किए थे। फिर भी संसद् के दोनों सदनों ने अपनी परंपरा छोड़कर इन महानुभाव को श्रद्धांजलि दी।''

भारत की तत्कालीन प्रधानमंत्री श्रीमती इंदिरा गांधी ने कहा था, ''संसद् के सदस्य नहीं थे, ऐसे एक प्रतिष्ठित श्री गोलवलकर आज हमारे बीच नहीं हैं। वे विद्वान् थे, शक्तिशाली थे, आस्थावान् थे। अपने प्रभावशाली व्यक्तित्व और अपने विचारों के प्रति अटूट निष्ठा के कारण राष्ट्र-जीवन नें उनका महत्त्वपूर्ण स्थान था।''

हैदराबाद के 'डेक्कन क्रॉनिकल' ने लिखा था—''स्वामी विवेकानंद की तरह गुरु गोलवलकरजी भी भारत की आत्मा की साकार मूर्ति थे।''

'नवभारत टाइम्स' ने लिखा था—''विचार और आदर्शों में मतभेद रखनेवाले लोग भी स्व. गोलवलकरजी के जीवन को निस्पृहता, तेजस्विता, त्याग और तपस्या को सहृदय स्वीकारते हैं। इन गुणों का हमारे राष्ट्रीय जीवन में से लोप हो रहा है। आदर्शों की व्यक्तिगत साधना आज के सैकड़ों विचारकों के हाथ में उपहास का विषय बन रही है; किंतु यह एक ऐतिहासिक निर्विवाद सत्य है कि कोई भी राष्ट्र एक शक्तिशाली राष्ट्र के रूप में तब तक परिवर्तित नहीं हो सकता, जब तक उसमें उन गुणों का समावेश नहीं हो जाता, जो श्री गोलवलकरजी के जीवन में दृष्टिमान थे। इन महान् गुणों के समक्ष धर्मनिरपेक्षता और लोकतंत्रवादी जीवन-दर्शन की चमक फीकी पड़ जाती है।''

महान् गांधीवादी विनोबा भावे ने कहा था, ''गुरुजी का दृष्टिकोण व्यापक, उदार और राष्ट्रीय था। वे हर एक बात पर राष्ट्रीय दृष्टि से विचार करते थे। उनका अध्यात्म में अटूट विश्वास था। हर एक धर्म के लिए उनके मन में आदर-भाव था। उनमें लेशमात्र भी संकुचितता नहीं थी। वे हमेशा

राष्ट्रीय—उच्च राष्ट्रीय—विचारों से ही कार्य करते थे।''

कभी लंदन के बी.बी.सी. ने माधव सदाशिवराव गोलवलकर के लिए कहा था, ''भारत के क्षितिज के ऊपर देदीप्यमान एक सितारा।''

प्रस्तुत पुस्तक में दोनों सरसंघचालकों के जन्म से लेकर उनके महापरिनिर्वाण तक की समूची विकास-यात्रा रोचक प्रश्नोत्तर क्रम में दी गई है। गुरुजी की विकास-यात्रा भारत के इतिहास को एक नया दृष्टिकोण प्रदान करती है। देश के इतिहास को नजरअंदाज करके देश के इतिहास-पुरुषों के कार्यों व विचारों को नहीं समझा जा सकता है।

—महेश दत्त शर्मा

अनुक्रम

डॉ. हेडगेवार प्रश्नोत्तरी

डॉ. केशव बलिराम हेडगेवार

आंध्र प्रदेश में गोदावरी हरिद्रा तथा वनजरा के संगम पर बसे कंदकुर्ती गाँव में हेडगेवार परिवार रहता था। बाद में उनकी एक शाखा नागपुर आ गई। इसी शाखा के बलिराम पंत हेडगेवार एक कर्मनिष्ठ और परोपकारी व्यक्ति थे। उनकी पत्नी का नाम रेवती सुशीला था। उनकी छह संतानें थीं—तीन पुत्र तथा तीन पुत्रियाँ। पुत्रों में बड़े थे महादेव, मझले सीताराम और छोटे केशव। इनमें से केशव (केशव बलिराम हेडगेवार) ने आगे चलकर देश-विदेश में अपना नाम रोशन किया।

केशव का जन्म 1 अप्रैल, 1889 को नागपुर में हुआ था। माता रेवतीबाई उन्हें शिवाजी की देशभक्तिपूर्ण कथाएँ सुनाती थीं। उन्हें सुनकर वे बहुत खुश होते थे। बचपन में सुनी इन कहानियों का केशव के मन पर गहरा असर पड़ा। उनके मन में देश-प्रेम की भावना जाग उठी। वे अंग्रेजों से नफरत करने लगे, उन्हें देश का दुश्मन समझने लगे। उनकी ये भावनाएँ उनके छात्र-जीवन में ही झलकने लगी थीं।

22 जून, 1897 का दिन था। अंग्रेज देश भर में बड़ा समारोह मना रहे थे। दरअसल उनकी महारानी विक्टोरिया के राज को साठ वर्ष पूरे हो गए थे। इस उपलक्ष्य में पाठशालाओं में मिठाई बाँटी गई। जिस विद्यालय में केशव पढ़ते थे, उसमें भी मिठाई बाँटी गई। सब छात्र खुश हुए। वे अंग्रेजों की तथा रानी विक्टोरिया की स्तुति करने लगे।

तब केशव से नहीं रहा गया। उन्होंने मिठाई को कूड़ेदान में फेंकते हुए

कहा, "अंग्रेज हमारे दुश्मन हैं। वे मिठाई खिलाकर हमें गुलामी की जंजीरों में और अधिक कसना चाहते हैं।" केशव के एक इशारे पर सभी छात्रों ने मिठाई फेंक दी।

यहाँ गौरतलब है कि केशव की आरंभिक शिक्षा नागपुर में ही हुई थी। वे पढ़ने में एक साधारण विद्यार्थी थे, लेकिन अंग्रेजों के विरुद्ध अपने साथियों को संगठित करने और उनमें देश-प्रेम की भावना जगाने में सबसे आगे थे।

सन् 1901 में एडवर्ड (सप्तम) इंग्लैंड का राजा बना। उस समय भी देश भर में उत्सव मनाया गया। जब एडवर्ड भारत आया तो नागपुर में भी हजारों लोग उसे देखने गए। मोहल्ले के सभी बालक वहाँ गए, परंतु केशव नहीं गए। उन्होंने कहा, "यह हमारे दुश्मनों का राजा है। उसके राजा बनने की खुशी हमें क्यों हो? इस मौके पर खुशियाँ मनाना शर्म की बात है।" बस केशव के साथियों ने भी वहाँ जाने का इरादा छोड़ दिया।

सन् 1902 में नागपुर में प्लेग की महामारी फैली। मोहल्ले-मोहल्ले में तथा घर-घर में लोग प्लेग के शिकार होने लगे। केशव के माता-पिता भी इस महामारी की चपेट में आ गए और दोनों एक ही दिन चल बसे।

उन दिनों केशव नागपुर के नील सिटी हाई स्कूल में पढ़ते थे। एक दिन विद्यालय निरीक्षक विद्यालय में निरीक्षण के लिए आनेवाले थे। विद्यार्थियों ने उनके स्वागत की अनूठी योजना बनाई। कक्षा में उनके आते ही सभी छात्र एक साथ गा उठे, 'वंदे मातरम्!' सभी कक्षाओं में यही हुआ। पूरे विद्यालय में 'वंदे मातरम्' गूँज उठा।

निरीक्षण कार्य ठप्प हो गया। अधिकारी क्रोध से तमतमा उठे। वे हेडमास्टर पर बरस पड़े, "यह कैसी बगावत हो रही है? कौन है इसकी जड़ में? सबको कड़ी सजा दो।"

हेडमास्टर ने छात्रों को कड़ी डाँट पिलाई। शिक्षकों ने लड़कों को मारा-पीटा, डराया-धमकाया, पुचकारा-ललचाया और बार-बार पूछा, "यह किसकी शरारत है, बताओ?"

लेकिन किसी ने भी केशव का नाम नहीं बताया। 'वंदे मातरम्' और 'भारत माता की जय' के नारे लगाते हुए विद्यार्थी अपने-अपने घर चले गए। फिर भी बात छिपी नहीं रही। माफी माँगने के लिए केशव पर दबाव डाला गया। केशव ने माफी माँगने से साफ मना कर दिया। उन्होंने कहा, "जो शासन अपनी माँ को प्रणाम नहीं करने देता, वह अन्यायी है। उसे उखाड़ फेंकना चाहिए।"

इस पर केशव को विद्यालय से निकाल दिया गया।

विद्यालय से निकाले जाने पर केशव अपने चाचा आबाजी के पास रामपायली (महाराष्ट्र) चले गए। वहाँ भी उनकी अंग्रेज-विरोधी गतिविधियाँ जारी रहीं। एक सज्जन ने उन्हें समझाने की कोशिश की, "पहले पढ़ाई पूरी करो, जब बड़े और समझदार हो जाओ तब देशभक्ति करो।"

केशव ने उनसे कहा, "आप पढ़े-लिखे, बड़े और समझदार हैं। आप देशभक्ति के कितने काम करते हैं? और पढ़ूँगा कहाँ? अंग्रेजों द्वारा चलाए जा रहे विद्यालयों में? वे तो गुलामी के कारखाने हैं। वहाँ पढ़ना पाप है।"

केशव के उग्र विचार सुनकर फिर किसी ने भी उन्हें समझाने का प्रयास नहीं किया।

एक रात छोटे से रामपायली में बड़ा तहलका मचा। करीब आधी रात में किसी ने पुलिस चौकी पर बम फेंका था। दीवार के पास कीलें, नारियल की खपच्चियाँ आदि मिलीं। सरगर्मी के साथ उसकी तलाश होने लगी।

केशव के चाचा ने सब ताड़ लिया। उन्होंने केशव को चुपके से नागपुर भेज दिया। केशवराव नागपुर पहुँचे, लेकिन घर नहीं गए। उन्हें भाई साहब की नाराजगी का डर था। वे डॉ. मुंजे के पास पहुँचे। केशव पर उनकी विशेष कृपा थी। उन्होंने परिचय-पत्र देकर केशव को यवतमाल भेजा। वहाँ बाबा साहब परांजपे एक विद्यागृह चलाते थे। केशव विद्यागृह में भरती हुए। बापूजी अण्णा के घर उनके भोजन आदि का इंतजाम कर दिया गया।

बाबा साहब परांजपे महान् त्यागी, स्वाभिमानी एवं सेवाव्रती थे। अपने

जैसे कर्मठ तथा उच्च विद्या प्राप्त युवकों को उन्होंने वहाँ जुटाया था। वे सब बिना वेतन लिये पढ़ाते थे।

केशव को वह स्थान बहुत अच्छा लगा। वे पूरे मनोयोग से पढ़ने लगे। सुबह उठकर व्यायाम करते, फिर वह दो मील की दौड़ लगाते। कक्षा में भी वे पूरा ध्यान देते थे।

परांजपे का वह विद्यालय अंग्रेजों की आँखों में बहुत खटकता था। इसलिए गोरी सरकार ने परांजपेजी पर भाषण, लेखन आदि से संबंधित तमाम प्रतिबंध लगाए। अंतत: विद्यागृह बंद हो गया। वहाँ के शिक्षकों ने केशव की पूरी सहायता की। उन्होंने केशव को पूना भेज दिया।

केशव का शरीर सुगठित था। उनका अध्ययन व्यापक और विचार-शक्ति पैनी थी। यवतमाल तथा पूना में उन्हें बड़े नेताओं का साथ मिला। अब छोटे-बड़े उनका आदर करने लगे। सब उन्हें 'केशवराव' कहने लगे।

केशव ने दो बातें ठान ली थीं। पहली बात, उन्हें बंगाल जाना था। क्योंकि वे बंगाल के देशभक्त क्रांतिकारियों से बहुत प्रभावित थे। उस भूमि को वे निकट से देखना चाहते थे। दूसरी बात, वे आगे पढ़ना चाहते थे। विशेषत: उनकी इच्छा डॉक्टर बनने की थी। इस व्यवसाय में जनसेवा, प्रतिष्ठा तथा धन-लाभ तीनों ही थे।

उनका मन ऊँची उड़ानें भर रहा था, परंतु उनकी आर्थिक स्थिति ने उन्हें जमीन पर चलना भी कठिन कर दिया था। बड़े भाई साहब के पास न पैसा था और न ही सहानुभूति थी। उन्होंने केशवराव को डाँटा-फटकारा और नौकरी करने की राय दी।

केशवराव पर इसका असर हुआ। उन्होंने पुन: पढ़ाई शुरू कर दी। वे ट्यूशन भी पढ़ाने लगे। इस आय में से कुछ अंश घर में देकर शेष आगे की पढ़ाई के लिए जोड़ने लगे।

केशवराव की आगे की पढ़ाई कलकत्ता में हुई। उनकी दृष्टि में कलकत्ता केवल महानगरी ही नहीं थी, वह आत्मबलिदान की वेदी भी थी। वहाँ के

युवक मातृभूमि को गुलामी से मुक्त कराने के लिए क्रांति करना चाहते थे।

जल्दी ही केशवराव बँगला भाषा बोलना सीख गए। वे नलिनी किशोर गुह, अमूल्यरत्न घोष, प्रतुलचंद गांगुली, श्यामसुंदर चक्रवर्ती, विपिनचंद्र पाल आदि गण्यमान्य बंगाली सज्जनों के घर आने-जाने लगे। धीरे-धीरे वे उनके घर के सदस्य जैसे बन गए।

रामकृष्ण आश्रम द्वारा चलाई जा रही 'बाढ़ पीड़ितों की सेवा योजना' में उन्होंने महत्त्वपूर्ण कार्य किया। सुभाषचंद्र बोस की स्वदेशी प्रदर्शनियों में वे स्वयंसेवक बनकर दर्शकों का मार्ग-प्रदर्शन करते थे।

केशवराव ने प्रतिज्ञाबद्ध होकर क्रांतिकारी दल में प्रवेश किया। वे अनुशीलन समिति के सदस्य बने। एक दिन मेडिकल कॉलेज के एक प्राध्यापक नहीं आए थे, इसलिए कक्षा में छात्र अपनी-अपनी धुन में मस्त थे। अमूल्यरत्न घोष नाम का एक छात्र अपने आपको कुछ दादा समझता था। वह केशवराव के सामने आ खड़ा हुआ और कहने लगा, "जरा तुम्हारी ताकत तो देखें, मेरी भुजा पर मुक्के मारो।"

केशवराव ने अपनी भुजा खोलकर कहा, "पहले आप।"

"अच्छा! मुझे चुनौती देता है? देखता हूँ।" यह सोचते हुए अमूल्य ने दाँत किटकिटाकर केशवराव की बाजू पर कसकर मुक्के जमाए। वह मुक्के मारता ही चला गया, परंतु केशवराव टस-से-मस नहीं हुए। आखिरकार अमूल्यरत्न ने अपनी हार मान ली। फिर वह हमेशा के लिए केशवराव का प्रशंसक बन गया।

केशव लोकमान्य तिलक से बहुत प्रभावित थे। एक बार एक जनसभा में कोई घमंडी वक्ता ऊटपटाँग भाषण दे रहा था। वह उलटो-सीधी बातें करते हुए तिलकजी के संबंध में भी उलटा-सीधा बोलने लगा।

केशवराव से वह सहा नहीं गया। वे मंच पर चढ़ गए और उस वक्ता को दो तमाचे जड़ दिए। उसके साथी जब केशवराव को मारने के लिए दौड़े तब केशवराव ने उन्हें भी पीट दिया।

जनसभा में मौलवी लियाकत हुसैन भी मौजूद थे। उन्होंने तुरंत केशवराव के पास पहुँचकर उनकी पीठ थपथपाई और कहा, ''शाबाश! तुमने आज सच्चे तिलकभक्त जैसा काम किया है।''

मौलवी लियाकत हुसैन से केशवराव की यह पहली मुलाकात थी। इसके बाद मौलाना साहब जब भी जुलूस निकालते थे, केशवराव अपने मित्रों के साथ उसमें भगवा झंडा लेकर सबके आगे चलते थे।

ऐसी तमाम गतिविधियों में लगे रहने के बावजूद केशवराव पढ़ाई में पीछे नहीं रहे। उन्हें अनेक असुविधाओं का सामना करना पड़ता था। उनके पास पर्याप्त पुस्तकें नहीं थीं। वे दूसरों से पुस्तकें माँग लाते थे। रात के एकांत में एकाग्र होकर पढ़ते थे तथा सुबह लौटा देते थे।

हर परीक्षा में केशवराव को अच्छे अंक मिलते थे। यह देखकर उनके साथी चकित होते थे। अंतिम परीक्षा में भी उन्हें अच्छे अंक मिले। अंतत: वे डॉक्टर बने। उन्हें एल.एम.एस. की उपाधि प्राप्त हुई।

कॉलेज के प्राचार्य डॉ. मलिक उन्हें बहुत चाहते थे। वे एक बड़े अस्पताल में उन्हें अच्छी नौकरी दिलाना चाहते थे, लेकिन केशवराव ने विनम्र शब्दों में उनसे मना कर दिया, ''महोदय, अपने देश की परिस्थिति सुधारने के लिए मेरे जैसे हजारों युवकों को अपना सबकुछ न्योछावर करना होगा। नगरों, गाँवों तथा आदिवासी इलाकों में सैकड़ों जरूरी कार्य कार्यकर्ताओं की बाट जोह रहे हैं। इसलिए मैंने नौकरी, विवाह आदि न करने का फैसला कर लिया है। मैं केवल आपका आशीर्वाद चाहता हूँ।''

बंगाल से डॉक्टर बनकर केशव हेडगेवार नागपुर लौटे। परंतु न तो उन्होंने कहीं नौकरी की और न क्लीनिक ही खोला। उनके भाई तथा रिश्तेदार उन्हें तरह-तरह के कई सुझाव देते रहे। डॉक्टरजी सबकी बातें सुनते थे और अपने देश की सेवा में लगे रहते थे।

जब विवाह के संबंध में बार-बार प्रस्ताव आने लगे तब उन्होंने अपने चाचाजी को साफ शब्दों में पत्र लिखा—''मैंने आजन्म देश-सेवा का व्रत

लिया है। मेरे जीवन में निजी सुख के लिए कोई जगह नहीं है और न निजी परिवार के लिए। देश की सेवा करते समय न जाने कितनी बार जेल जाना होगा। हो सकता है कि जान की बाजी भी लगानी पड़े। इसलिए मेरे विवाह के बारे में न सोचें।''

डॉक्टर बनने की इच्छा पूरी होने पर केशव के सामने दो लक्ष्य थे—अंग्रेजों की गुलामी से देशवासियों को छुटकारा दिलाना और देश की उन्नति के नए रास्ते खोजना। इन लक्ष्यों को पाने के लिए उन्होंने 'संकल्प' नाम का हिंदी साप्ताहिक पत्र और फिर 'स्वातंत्र्य' नाम का मराठी दैनिक निकाला।

डॉक्टर साहब ने छोटी-बड़ी अनेक संस्थाएँ भी चलाईं। वे राष्ट्रीय मंडल, राष्ट्रीय उत्सव मंडल, राष्ट्रीय स्वयंसेवक मंडल, हिंदू महासभा, तरुण हिंदू सभा, कांग्रेस आदि अनेक संस्थाओं से भी जुड़े रहे।

युवकों के दिलों में देश-प्रेम की भावना जगाना ही उनका प्रमुख कार्य था। उसे करने का वे कोई भी मौका छोड़ते नहीं थे। डॉक्टरजी ने प्रांतीय कांग्रेस के कार्यवाह के नाते कार्य किया। सन् 1920 के नागपुर अधिवेशन में उन्हें भोजन-व्यवस्था का कार्य दिया गया था। उस बहाने उन्होंने हर प्रांत के देश-हितैषी सज्जनों से संपर्क किया।

सन् 1921 में जब असहयोग आंदोलन छिड़ा, तब उन्होंने उग्र भाषण दिए। अंग्रेजों ने उन्हें पकड़ा, उन पर मुकदमा चलाया और उन्हें एक वर्ष के सश्रम कारावास की सजा हुई।

कारागार में उनका व्यवहार बहुत धैर्यपूर्ण तथा संतुलित रहा। वे सदा प्रसन्न रहते थे और दूसरों की सहायता करते थे। 12 जुलाई, 1922 को वह जेल से छूटे। जेल से छूटने के बाद डॉक्टरजी ने अनेक कार्यकर्ताओं से विचार-विमर्श करके सच्चरित्र नवयुवकों को एकत्र किया और सन् 1925 के विजयादशमी को राष्ट्रीय स्वयंसेवक संघ की स्थापना की। शुरुआत में सब सदस्य सप्ताह में एक दिन इकट्ठे होते थे। चर्चा, भाषण आदि होते थे। फिर नागपुर के सलूबाई मोहिते के बाड़े में संघ ने शाखा का रूप धारण किया।

धीरे-धीरे स्वयंसेवकों की संख्या बढ़ने लगी। नागपुर में कई स्थानों पर शाखाएँ शुरू हुईं। स्वयंसेवक जब भी दूसरे गाँव जाते, वहाँ शाखा शुरू करते। कई बुद्धिमान् स्वयंसेवकों को डॉक्टरजी ने पढ़ाई के बहाने अन्य प्रांतों में भेजा। लाहौर, दिल्ली, लखनऊ, पटना, कलकत्ता (अब कोलकाता), मद्रास (अब चेन्नई), बंबई (अब मुंबई), पूना (अब पुणे), अहमदाबाद, जयपुर आदि स्थानों पर शाखाएँ चलने लगीं।

वहाँ न अंग्रेजों को गालियाँ दी जाती थीं और न मुसलमानों को। वहाँ कहा जाता था—'अपनी मातृभूमि से प्रेम करो। जाति-पाँति आदि का भेद मन में न लाते हुए भारत जननी के पुत्रों से प्रेम करो। स्वावलंबी बनो। वीर बनो। दुनिया के दूसरे देशों की ओर मत ताको। त्याग करते हुए हिंदुओं को संगठित करो। इसी दवा से देश के सब रोग दूर हो जाएँगे।'

संघ में सभी आयु, वर्ग और जाति के लोग आने लगे। संघ का कार्य दिन-दूना रात चौगुना बढ़ता चला गया। डॉक्टरजी हर छोटे-बड़े स्वयंसेवक के साथ अपनेपन से पेश आते थे।

सन् 1930 में अंग्रेजों के विरुद्ध कानून तोड़ने का आंदोलन चला। इसी आंदोलन के अंतर्गत 22 जुलाई, 1930 को उन्होंने यवतमाल जिले में जंगल सत्याग्रह किया, जिसके लिए उन्हें नौ महीने की कैद की सजा मिली। जेल में भी वे संघ का कार्य करते रहे। उन्होंने अनेक कैदियों को संघ का उद्देश्य और महत्त्व समझाया। कई कैदियों को स्वयंसेवक भी बनाया।

लंबे समय तक सतत काम करते रहने से डॉक्टरजी बीमार हो गए। यह सन् 1940 की बात है। नागपुर में संघ शिक्षा वर्ग लगा था। डॉक्टरजी उसमें स्वयंसेवकों से मिलने के लिए बेचैन थे। अंत में डॉक्टरों ने उन्हें इजाजत दे दी।

9 जून, 1940 को वे स्वयंसेवकों से मिले। उस समय उनका शरीर बुखार से तप रहा था। वे बहुत कमजोर हो गए थे। फिर भी उनका मन उछल रहा था। उन्होंने स्वयंसेवकों को संघ के महत्त्व के बारे में समझाया। थोड़े में ही बहुत सी बातें कह दीं।

धीरे-धीरे डॉक्टरजी की सेहत गिरने लगी। डॉक्टरों ने बहुत इलाज किया। स्वयंसेवक रात-दिन उनकी सेवा में लगे रहे। स्थिति गंभीर होने पर उन्हें मेयो अस्पताल ले जाया गया। लेकिन फिर भी उन्हें बचाया न जा सका।

अंतिम समय में उन्होंने संघ का कार्यभार माधव सदाशिव गोलवलकरजी उपाख्य 'श्रीगुरुजी' को सौंप दिया। 20 जून, 1940 को आधी रात के समय वे बेहोश हो गए। सुबह तक उनका बुखार 106 डिग्री तक पहुँच गया। डॉक्टरों की सारी कोशिशें बेकार हो गईं।

21 जून, 1940 को सवेरे 9 बजकर 27 मिनट पर उनका निधन हो गया।

आज डॉ. हेडगेवार हमारे बीच नहीं हैं, फिर भी उनके द्वारा स्थापित राष्ट्रीय स्वयंसेवक संघ भारत ही नहीं, विश्व का मार्ग-प्रदर्शन कर रहा है। उनके विचार आज भी हिंदुओं को हिंदुत्व का बोध करा रहे हैं।

जीवन परिचय

1. डॉ. केशव बलिराम हेडगेवार का जन्म कहाँ पर हुआ था ?

   (क) बंबई (ख) पूना

   (ग) नागपुर (घ) सतारा

2. डॉ. केशव बलिराम हेडगेवार की जन्मतिथि क्या है ?

   (क) 11 अप्रैल, 1889 (ख) 13 मई, 1899

   (ग) 21 अप्रैल, 1890 (घ) 1 अप्रैल, 1889

3. डॉ. हेडगेवार के पिता का क्या नाम था ?

   (क) बलिराम पंत हेडगेवार

   (ख) बलराम पंत हेडगेवार

   (ग) श्रीराम पंत हेडगेवार

   (घ) जयराम पंत हेडगेवार

4. डॉ. हेडगेवार की माता का क्या नाम था ?

   (क) रमा बाई (ख) सुमित्रा बाई

   (ग) श्यामा बाई (घ) रेवती बाई

5. डॉ. केशव बलिराम हेडगेवार ने किस महान् संगठन की स्थापना की ?

   (क) राष्ट्र सेवक संघ (ख) राष्ट्रीय स्वयंसेवक संघ

   (ग) राष्ट्रीय सेवक संघ (घ) भारतीय स्वयंसेवक संघ

उत्तर के लिए कृपया पृष्ठ सं. 93 देखें

6. डॉ. केशव बलिराम हेडगेवार के वंशज मूल रूप से कहाँ के रहनेवाले थे ?
   (क) बेंगलुरु, कर्नाटक (ख) रामेश्वरम्, तमिलनाडु
   (ग) नागपुर, महाराष्ट्र (घ) तेलंगाना, आंध्र प्रदेश
7. डॉ. केशव बलिराम हेडगेवार कितने भाई-बहन थे ?
   (क) 6 (ख) 4
   (ग) 2 (घ) 3
8. डॉ. हेडगेवार भाई-बहनों में सबसे छोटे थे या बड़े ?
   (क) सबसे बड़े (ख) सबसे छोटे
   (ग) मँझले (घ) कोई नहीं
9. डॉ. हेडगेवार के कितने बड़े भाई थे ?
   (क) 2 (ख) 1
   (ग) 3 (घ) 4
10. डॉ. हेडगेवार की कितनी बड़ी बहनें थीं ?
    (क) 1 (ख) 2
    (ग) 3 (घ) कोई नहीं
11. माता-पिता का देहांत हुआ, तब डॉ. हेडगेवार की उम्र क्या थी ?
    (क) 13 (ख) 21
    (ग) 9 (घ) 10
12. महारानी विक्टोरिया के शासन के साठ वर्ष पूर्ण होने पर जब स्कूली जलसे में मिठाई बाँटी गई तो डॉ. हेडगेवार ने क्या किया ?
    (क) मिठाई खा ली
    (ख) मिठाई को हाथ में लेकर जमीन पर फेंक दिया
    (ग) मिठाई घर ले गए
    (घ) मिठाई साथियों में बाँट दी

उत्तर के लिए कृपया पृष्ठ सं. 93 देखें

13. हेडगेवार घराना आज से 200 वर्ष पूर्व आंध्र प्रदेश के तेलंगाना क्षेत्र के किस गाँव का निवासी था ?
    (क) कंदकुर्ती (ख) लालकुर्ती
    (ग) कुर्तलीन (घ) कुर्तीमल
14. हेडगेवार घराने के जीवन-यापन का जरिया क्या था ?
    (क) खेती-बाड़ी (ख) वेद-अध्ययन-अध्यापन
    (ग) व्यापार (घ) नौकरी
15. हेडगेवार घराना तेलंगाना से पलायन करके कहाँ आकर बसा था ?
    (क) यवतमाल (ख) पुणे
    (ग) नागपुर (घ) हैदराबाद
16. नामकरण-संस्कार के समय केशव का राशि-नक्षत्रानुसार क्या नाम रखा गया ?
    (क) देवजू (ख) देदेव
    (ग) रामदेव (घ) दोमदेव
17. बचपन में साथियों के साथ केशव अकसर कौन सा खेल खेला करते थे ?
    (क) गेंद का (ख) कबड्डी
    (ग) खो-खो (घ) छुपा-छुपी
18. आठ वर्ष की अवस्था में केशव पर किस बीमारी ने हमला किया, जिसके निशान सदा के लिए रह गए ?
    (क) खसरा (ख) कालाज्वार
    (ग) मलेरिया (घ) चेचक
19. नागपुर में सीतावर्डी के किले पर फहराते ब्रिटिश झंडे को उखाड़ फेंकने के लिए बालक केशव ने साथियों के साथ मिलकर क्या योजना बनाई ?
    (क) खत लिखने की (ख) बातचीत की
    (ग) हमले की (घ) सुरंग खोदने की

उत्तर के लिए कृपया पृष्ठ सं. 93 देखें

20. बालक केशव को अंग्रेजी शिक्षा दिलाने के लिए सबसे पहले किस स्कूल में भरती किया गया?
    (क) नेशनल हाई स्कूल में (ख) सिटी हाई स्कूल में
    (ग) नील सिटी हाई स्कूल में (घ) विक्टोरिया हाई स्कूल में
21. बालक केशव नियमित व्यायाम के साथ रोज कितना दौड़ते थे?
    (क) 1-2 किलोमीटर (ख) 3-4 किलोमीटर
    (ग) 5-6 किलोमीटर (घ) 7-8 किलोमीटर
22. बालक केशव सेहत बनाने के लिए नियमित कितना दूध सेवन करते थे?
    (क) डेढ़ किलो (ख) दो किलो
    (ग) तीन किलो (घ) आधा किलो
23. केशव के माता-पिता का एक ही दिन किस तिथि को स्वर्गवास हुआ?
    (क) 11 फरवरी, 1905 (ख) 13 फरवरी, 1904
    (ग) 12 फरवरी, 1906 (घ) 15 फरवरी, 1903
24. केशव के माता-पिता किस बीमारी के कारण मृत्यु को प्राप्त हुए थे?
    (क) प्लेग (ख) डेंगू
    (ग) मलेरिया (घ) खसरा
25. बचपन से ही केशव का स्वभाव कैसा था?
    (क) आलसी (ख) डाँवाँडोल
    (ग) दृढ़ (घ) लचीला
26. किसके कारण केशव को दोनों समय नित्य भोजन मिल पाना बहुत ही बड़ी बात थी?
    (क) गुलामी (ख) महामारी
    (ग) बीमारी (घ) निर्धनता

उत्तर के लिए कृपया पृष्ठ सं. 93 देखें

27. परिवार की निर्धनता और नीरस वातावरण में भी केशव अपनी कक्षा में कैसे छात्र के रूप में गिने जाते थे ?

(क) मंद बुद्धि (ख) बीमार

(ग) श्रेष्ठ और मेधावी (घ) निर्धन

28. बालक केशव को छात्र-जीवन में किस राजनेता ने स्वतंत्रता-संघर्ष में कूदने के लिए प्रेरित किया ?

(क) महात्मा गांधी

(ख) लोकमान्य बाल गंगाधर तिलक

(ग) मदन मोहन मालवीय

(घ) गोपाल कृष्ण गोखले

□

उत्तर के लिए कृपया पृष्ठ सं. 93 देखें

वंदे मातरम्

1. बालक केशव को बचपन में कौन सा अखबार भाता था?

   (क) जनाक्रोश (ख) लोकसत्ता

   (ग) हरिजन (घ) केसरी

2. बालक केशव ने लोकमान्य तिलक की किस योजना में सक्रियता से हिस्सा लिया?

   (क) धन-संग्रह (ख) पैदल मार्च

   (ग) पैसा फंड (घ) आंदोलन

3. बालक केशव ने वर्ष 1905 के आरंभ में अपने कुछ तरुण मित्रों के साथ मिलकर किस संस्था का गठन किया?

   (क) चर्चा-मंडल (ख) बच्चा-मंडल

   (ग) तरुण-मंडल (घ) विचार-मंडल

4. बालक केशव ने देश की विविध परिस्थितियों पर समय-समय पर भाषणों तथा परिचर्चाओं के कार्यक्रम अपनी किस संस्था के झंडे तले रहकर किए?

   (क) विचार-मंडल (ख) बच्चा-मंडल

   (ग) तरुण-मंडल (घ) चर्चा-मंडल

5. बालक केशव स्वदेशी वस्तुओं के प्रचारार्थ किस संस्था से जुड़ गया?

   (क) आर्य वीथिका (ख) स्वदेश बांधव

   (ग) बांधव वीथिका (घ) आर्य बांधव वीथिका

उत्तर के लिए कृपया पृष्ठ सं. 93 देखें

6. बालक केशव ने स्वदेशी वस्तुओं के प्रचारार्थ क्रांतिकारी डॉ. पांडुरंग राव खानखोजे की संस्था 'स्वदेश बांधव' की ओर से स्वदेशी वस्तुओं के प्रचारार्थ बनी वस्तुओं—साबुन, बटन, कागज की किस दुकान पर वस्तुओं को बेचने के लिए कुछ समय बैठने की जिम्मेदारी ली?
   (क) आर्य वीथिका
   (ख) स्वदेश बांधव
   (ग) बांधव वीथिका
   (घ) आर्य बांधव वीथिका
7. गवर्नर जनरल लॉर्ड कर्जन द्वारा अक्तूबर 1905 में बंग-विभाजन के दौरान देशभक्ति की दीक्षा देनेवाले किस मंत्र ने केशव के जीवन को एक विशेष दिशा में मोड़ दिया?
   (क) वसुधैव कुटुंबकम् (ख) जय श्रीराम
   (ग) वंदे मातरम् (घ) जन-गण-मन
8. वर्ष 1907 में विजयादशमी के दिन से केशव सरकारी गुप्तचरों की सूची में क्यों आ गए?
   (क) अपने उग्र भाषण के कारण
   (ख) आंदोलन के कारण
   (ग) वंदे मातरम् गाने के कारण
   (घ) सरकार-विरोध के कारण
9. विद्यालय में 'वंदे मातरम्' के उद्घोष के कारण केशव को किस कक्षा से निष्कासित कर दिया गया?
   (क) नौवीं (ख) दसवीं
   (ग) ग्यारहवीं (घ) आठवीं
10. केशव ने वर्ष 1909 में यवतमाल के किस विद्यालय में प्रवेश लिया?
   (क) विद्यातीर्थ (ख) विद्यार्थी सदन
   (ग) ज्ञानगृह (घ) विद्यागृह

उत्तर के लिए कृपया पृष्ठ सं. 93 देखें

11. केशव के यवतमाल के 'विद्यागृह' विद्यालय में प्रवेश लेने के कितने माह बाद सरकार ने द्वेषवश वह विद्यालय बंद करवा दिया?
    (क) 4 (ख) 2
    (ग) 6 (घ) 9
12. सरकार द्वारा द्वेषवश यवतमाल का 'विद्यागृह' विद्यालय बंद करा दिए जाने के कारण केशव को राष्ट्रीय विद्यापीठ द्वारा निर्धारित केंद्र पर कहाँ जाकर दसवीं की परीक्षा देनी पड़ी?
    (क) नाशिक (ख) नागपुर
    (ग) पुणे (घ) अमरावती
13. इतने उतार–चढ़ाव के बाद क्या केशव को दसवीं की परीक्षा में सफलता मिली?
    (क) हाँ
    (ख) नहीं
    (ग) सरकार ने अड़ंगा लगा दिया
    (घ) सभी गलत
14. केशव को मिला दसवीं कक्षा उत्तीर्ण का प्रमाण–पत्र किसके द्वारा जारी किया गया था?
    (क) नेशनल कौंसिल ऑफ एजुकेशन, मराठवाड़ा
    (ख) द नेशनल एजुकेशन कौंसिल, नागपुर
    (ग) द नेशनल कौंसिल ऑफ एजुकेशन, बंगाल
    (घ) नेशनल कौंसिल एजुकेशन
15. केशव को मिले दसवीं उत्तीर्ण के प्रमाण–पत्र पर कौन सी तिथि अंकित थी?
    (क) 11 सितंबर, 1909 (ख) 1 दिसंबर, 1909
    (ग) 19 दिसंबर, 1909 (घ) 30 दिसंबर, 1909

उत्तर के लिए कृपया पृष्ठ सं. 93 देखें

16. केशव को मिले दसवीं उत्तीर्ण के प्रमाण–पत्र पर किसके हस्ताक्षर थे?

(क) बापूजी अणे (ख) बाबा साहब परांजपे

(ग) दत्तात्रेय विष्णु आपटे (घ) डॉ. रासबिहारी बोस

17. वर्ष 1909 में नागपुर के समीप रामटेक में भरनेवाले रामनवमी के मेले में केशव ने स्वदेशी गुड़ के प्रचारार्थ जावा से आई किस विदेशी वस्तु का बहिष्कार किया?

(क) वस्त्र (ख) चीनी

(ग) कॉफी (घ) चाय

18. वर्ष 1909 में नागपुर के समीप रामटेक में भरनेवाले रामनवमी के मेले में केशव ने स्वदेशी गुड़ से कौन सी मिठाई बनवाकर बिकवाई?

(क) पेड़े (ख) लड्डू

(ग) बरफी (घ) कलाकंद

19. वर्ष 1909 के दौरान पुलिन बिहारी दास के नेतृत्व में चल रहे कलकत्ता के किस क्रांतिकारी दल से संबद्ध नागपुर के क्रांतिकारी दल की गतिविधियों से केशव का संबंध रहा था?

(क) नरम दल (ख) क्रांति मोर्चा

(ग) अनुशीलन समिति (घ) गरम दल

20. वर्ष 1909 के दौरान कलकत्ता में किस केस में फँसे क्रांतिकारियों की सहायतार्थ केशव ने हजारों रुपए इकट्ठा करके भिजवाए?

(क) अलीपुर बम कांड

(ख) बारीसल षड्यंत्र केस

(ग) मानिकतल्ला षड्यंत्र केस

(घ) मौलवी बाजार बम कांड

□

उत्तर के लिए कृपया पृष्ठ सं. 93 देखें

अध्ययन और क्रांति-दीक्षा

1. दसवीं का परीक्षाफल आने के बाद केशव ने कहाँ जाने का निश्चय किया?

   (क) दिल्ली (ख) कलकत्ता

   (ग) बंबई (घ) लंदन

2. कलकत्ता जाकर केशव किसकी पढ़ाई करना चाहते थे?

   (क) क्रांति की

   (ख) आंदोलन की

   (ग) युद्ध की

   (घ) डॉक्टरी की

3. केशव पढ़ाई के लिए किस वर्ष कलकत्ता पहुँचे?

   (क) 1910 (ख) 1912

   (ग) 1909 (घ) 1901

4. पढ़ाई के सिलसिले में केशव कलकत्ता में कितने वर्ष रहे थे?

   (क) 5 (ख) 8

   (ग) 6 (घ) 3

5. पढ़ाई के सिलसिले में केशव कलकत्ता पहुँचे तो उनकी उम्र कितने वर्ष थी?

   (क) 21 (ख) 19

   (ग) 20 (घ) 23

उत्तर के लिए कृपया पृष्ठ सं. 93 देखें

6. वर्ष 1910 के कलकत्ता के मुसलिम दंगे के दौरान केशव ने किस प्रकार से सेवा-कार्य किया?

   (क) हिंदू दल बनाकर (ख) मुसलिम दल बनाकर

   (ग) सहायता दल बनाकर (घ) चिकित्सक दल बनाकर

7. दामोदर नदी में आई वर्ष 1913 की भीषण बाढ़ के दौरान केशवराव ने अपने पाँच मित्रों के साथ किस दल के कंधे-से-कंधा मिलाकर निष्ठापूर्वक सेवा-कार्य किया?

   (क) हिंदू दल

   (ख) रामशरण मिशन सहायता दल

   (ग) स्वयंसेवी दल

   (घ) चिकित्सा दल

8. डॉक्टरी की पढ़ाई के दौरान एक बार कलकत्ता में एक सभा के बीच में लोकमान्य तिलक की आलोचना सुनकर केशव ने क्या प्रतिक्रिया व्यक्त की?

   (क) तालियाँ बजाईं

   (ख) मिठाई बाँटी

   (ग) खुशी जाहिर की

   (घ) वक्ता के मुख पर तमाचा जड़ दिया

9. केशवराव ने डॉक्टरी की परीक्षा किस वर्ष उत्तीर्ण की?

   (क) 1916 में (ख) 1915 में

   (ग) 1914 में (घ) 1917 में

10. डॉक्टरी की परीक्षा में उत्तीर्ण होने के बाद डॉक्टरी की व्यावहारिक शिक्षा के लिए केशवराव को और कितने वर्ष कलकत्ता में ही कार्य करना पड़ा?

    (क) 1 (ख) 3

    (ग) 2 (घ) 1.5

उत्तर के लिए कृपया पृष्ठ सं. 93 देखें

11. डॉ. केशवराव को क्रांतिकारी संस्था 'अनुशीलन समिति' की प्रतिज्ञा दिलाकर किस क्रांतिकारी ने दीक्षित किया था?
    (क) रासबिहारी बोस (ख) अरविंद घोष
    (ग) नलिनी किशोर गुहा (घ) पुलिन बिहारी दास
12. क्रांतिकारी संस्था 'अनुशीलन समिति' में क्रांतिकारी डॉ. केशवराव का गुप्त नाम क्या रखा गया था?
    (क) कोकैन (ख) ककून
    (ग) कोल्ट (घ) रिवॉल्वर
13. डॉ. केशवराव ने कलकत्ता में डॉक्टरी के प्रशिक्षण के साथ दूसरा कौन सा महत्त्वपूर्ण प्रशिक्षण प्राप्त किया?
    (क) सामाजिक प्रशिक्षण (ख) सहकारी प्रशिक्षण
    (ग) जोखिम प्रशिक्षण (घ) क्रांतिकारी प्रशिक्षण
14. डॉ. केशवराव कलकत्ता से अपने बाह्य उद्देश्य (डॉक्टरी का शिक्षण) और वास्तविक उद्देश्य (क्रांतिकारी प्रशिक्षण) के बाद किस वर्ष इस इच्छा के साथ वापस नागपुर आ गए कि मध्य प्रांत में भी क्रांतिकारी गतिविधियाँ विधिवत् चलें और तरुण शक्ति राष्ट्रीय स्वतंत्रता के यज्ञ में बढ़-चढ़कर भाग ले?
    (क) 1918 में (ख) 1916 में
    (ग) 1921 में (घ) 1917 में

□

उत्तर के लिए कृपया पृष्ठ सं. 93 देखें

सशस्त्र क्रांति की तैयारी

1. माधव सदाशिवराव ने मैट्रिक की परीक्षा किस वर्ष में उत्तीर्ण की?
   (क) 1922 में (ख) 1921 में
   (ग) 1923 में (घ) 1920 में
2. डॉक्टरी की डिग्री प्राप्त करने के बाद सन् 1916 के प्रारंभ में नागपुर आने के पश्चात् डॉ. केशवराव ने किसके घर में रहना आरंभ किया?
   (क) तात्याजी फडणवीस
   (ख) महादेव शास्त्री
   (ग) वामनराव धर्माधिकारी
   (घ) सीतारामजी
3. नागपुर में पहले फैले प्लेग ने डॉ. केशवराव के माता-पिता को उनसे छीन लिया था। वर्ष 1916-17 के दौरान शहर में दूसरी बार फैले प्लेग ने उनके किस रिश्तेदार को काल-कवलित किया?
   (क) चाचा (ख) भाई
   (ग) बहन (घ) मौसी
4. नागपुर में वर्ष 1916-17 के दौरान शहर में दूसरी बार फैले प्लेग ने डॉ. केशवराव के किस भाई को उनसे छीन लिया?
   (क) सीताराम (ख) राधेराम
   (ग) महादेव शास्त्री (घ) देवराम

उत्तर के लिए कृपया पृष्ठ सं. 93 देखें

5. नागपुर में वर्ष 1916–17 के दौरान शहर में दूसरी बार प्लेग फैला तो डॉ. केशवराव कहाँ जाकर रहने लगे थे?

(क) पुणे (ख) यवतमाल

(ग) नगर से बाहर (घ) बहन के यहाँ

6. डॉ. केशवराव ने जीवन भर राष्ट्रकार्य करने का निश्चय करके रिश्तेदारों का कौन सा प्रस्ताव ठुकरा दिया?

(क) विवाह का (ख) नौकरी का

(ग) विदेश जाने का (घ) कोई नहीं

7. डॉ. केशवराव ने रिश्तेदारों के दबाव में विवाह कर लिया या वे जीवन भर अविवाहित रहे?

(क) विवाह कर लिया

(ख) हाँ–ना करते रहे

(ग) पता नहीं

(घ) अविवाहित रहे

8. डॉ. केशवराव ने (क) डॉक्टरी से धन कमाने का कार्य किया या (ख) आवश्यकतानुसार लोगों का मुफ्त इलाज किया? कौन सा कथन सत्य है?

(क) क (ख) ख

(ग) (क) एवं (ख) दोनों (घ) कोई नहीं

9. मध्य प्रांत के क्रांतिकारी दल के संगठन की पूर्ण जिम्मेदारी किसके कंधों पर थी?

(क) वैद्य भाऊजी कावरे

(ख) अण्णा खोत

(ग) डॉ. केशवराव

(घ) महादेव शास्त्री

उत्तर के लिए कृपया पृष्ठ सं. 93-94 देखें

10. मध्य प्रांत में जारी क्रांतिकारी गतिविधियों में कौन डॉ. केशवराव के पक्के मित्र, श्रेष्ठ क्रांतिकारी और परम सहयोगी रहे ?
    (क) अण्णा खोत
    (ख) डॉ. केशवराव
    (ग) महादेव शास्त्री
    (घ) वैद्य भाऊजी कावरे
11. क्रांति के लिए बलिष्ठ युवकों की भरती, धन-संग्रह, शस्त्रास्त्र व विस्फोटक सामग्री का संग्रह, आवश्यकतानुसार वितरण तथा देश भर के क्रांतिकारियों से आवश्यकतानुसार समय-समय पर भेंट एवं विचार-विमर्श इत्यादि की योजनाओं में सहयोग के लिए डॉ. केशवराव एवं वैद्य भाऊजी कावरे की योजनानुसार किसने 'नागपुर व्यायामशाला' की स्थापना की ?
    (क) डॉ. केशवराव (ख) महादेव शास्त्री
    (ग) अण्णा खोत (घ) वैद्य भाऊजी कावरे
12. गंगाप्रसाद पांडे, दादा साहब बख्शी, समीमुल्ला खाँ, नाना साहब टालाटुले, भाऊ साहब टालाटुले, अप्पाजी जोशी, नाना साहब तैलंग, बालवीर, बाबूराव हरकरे, नानाजी पुराणिक, अर्जुनलाल सेठी इत्यादि डॉ. केशवराव के कौन थे ?
    (क) रिश्तेदार
    (ख) क्रांतिकारी मित्र व सहयोगी
    (ग) सहयोगी डॉक्टर
    (घ) सरकारी सहयोगी
13. दूरदर्शी व प्रभावी नेता तथा डॉ. केशवराव के परम आदरणीय लोकमान्य तिलक कहाँ रहकर उनकी गुप्त सहायता करते थे ?
    (क) पुणे (ख) सतारा
    (ग) यवतमाल (घ) नागपुर

उत्तर के लिए कृपया पृष्ठ सं. 94 देखें

14. दूरदर्शी व प्रभावी नेता तथा डॉ. केशवराव के परम आदरणीय डॉ. मुंजे कहाँ रहकर उनकी गुप्त सहायता करते थे?

(क) पुणे (ख) सतारा

(ग) यवतमाल (घ) नागपुर

15. दूरदर्शी व प्रभावी नेता तथा डॉ. केशवराव के परम आदरणीय चाँदकरण शारदा कहाँ रहकर उनकी गुप्त सहायता करते थे?

(क) अजमेर (ख) सतारा

(ग) यवतमाल (घ) नागपुर

16. एक बार नागपुर से राजस्थान और पंजाब को शस्त्रास्त्र आदि सामग्री ले जानेवाला एक दल पकड़ लिया गया तो डॉ. केशवराव को क्या व्यवस्था करनी पड़ी?

(क) स्वयं सामान ले जाने की

(ख) रेल से सामान भेजने की

(ग) ट्रक से सामान भेजने की

(घ) स्त्री वेशधारी युवक क्रांतिकारियों द्वारा सामान भेजने की

17. डॉ. केशवराव अपने क्रांतिकारियों को शस्त्रास्त्र से सुसज्जित क्यों कर रहे थे?

(क) ताकि प्रथम विश्व युद्ध में फँसे अंग्रेजों को भारत से बाहर करने के लिए सशस्त्र क्रांति कर सकें

(ख) सरकार से बचाव के लिए

(ग) आत्म-रक्षार्थ

(घ) बल-प्रदर्शन के लिए

□

उत्तर के लिए कृपया पृष्ठ सं. 94 देखें

मातृभक्ति-भाव का जागरण

1. महात्मा गांधी का पूर्ण आदर करते हुए भी डॉ. केशवराव ने किसके विचार-दर्शन तथा कार्य-पद्धति को ही श्रेष्ठ स्वीकार किया था?
   (क) गोपाल कृष्ण गोखले
   (ख) डॉ. बालकृष्ण शिवराम मुंजे
   (ग) लोकमान्य बाल गंगाधर तिलक
   (घ) दादा साहब खापर्डे
2. डॉ. केशवराव ने अपने कुछ मित्रों के साथ अपने राष्ट्रीय विचारों के अनुरूप किस नई राजनीतिक संस्था की स्थापना की?
   (क) राष्ट्र मंडल यूनियन (ख) नागपुर नेशनल यूनियन
   (ग) मंडल यूनियन (घ) मध्य मंडल यूनियन
3. 'राष्ट्रीय मंडल' संस्था ने किस हिंदी साप्ताहिक पत्र का नागपुर से प्रकाशन प्रारंभ किया, जिसका डॉक्टर केशवराव को संघटक नियुक्त किया गया?
   (क) विचार ध्वनि (ख) राष्ट्र विचार
   (ग) विकल्प (घ) संकल्प
4. भारत के महापुरुषों की जयंतियों आदि मनाने के नाम पर उत्कृष्ट नेताओं के भाषणों द्वारा जनता में राष्ट्र-भावना भरने हेतु नागपुर में डॉ. केशवराव ने किस संस्थान की स्थापना कराई?
   (क) राष्ट्रीय उत्सव मंडल (ख) राष्ट्र विचार मंडल
   (ग) विकल्प मंडल (घ) संकल्प मंडल

उत्तर के लिए कृपया पृष्ठ सं. 94 देखें

5. वर्ष 1919 के नवंबर मास में कहाँ पर आयोजित हुए कांग्रेस अधिवेशन में डॉ. केशवराव ने भाग लिया था?

   (क) नागपुर (ख) दिल्ली

   (ग) अमृतसर (घ) बीजापुर

6. कांग्रेस अधिवेशन की सुव्यवस्था और कांग्रेस आदि राष्ट्रीय संस्थाओं के स्थान–स्थान पर होनेवाले कार्यक्रमों में सहायता करने के उद्देश्य से जनवरी 1920 में किस संस्था की स्थापना की गई?

   (क) भारत स्वयंसेवक मंडल

   (ख) स्वयंसेवक मंडल

   (ग) भारत मंडल

   (घ) भारत स्वयंसेवक

7. कांग्रेस अधिवेशन की सुव्यवस्था और कांग्रेस आदि राष्ट्रीय संस्थाओं के स्थान–स्थान पर होनेवाले कार्यक्रमों में सहायता करने के उद्देश्य से जनवरी 1920 में 'भारत स्वयंसेवक मंडल' संस्था की स्थापना की गई। डॉ. केशवराव हेडगेवार को इसके किस पद पर नियुक्त किया गया?

   (क) प्रमुख (ख) अध्यक्ष

   (ग) सचिव (घ) सह–प्रमुख

8. सभा–सम्मेलनों के माध्यम से जन–जागरण के कार्यक्रमों में आग उगलनेवाले भाषणों की रिपोर्टें मिलने के कारण किसने डॉ. केशवराव के 23 फरवरी, 1921 के आदेश द्वारा चार से अधिक मनुष्यों के किसी एकत्रीकरण में न तो जाने और न किसी सार्वजनिक सभा में भाषण देने पर रोक लगा दी थी?

   (क) महात्मा गांधी (ख) कांग्रेस

   (ग) जिलाधिकारी (घ) ब्रिटेन

उत्तर के लिए कृपया पृष्ठ सं. 94 देखें

9. सार्वजनिक सभा में भाषण न देने के सरकारी आदेश पर ध्यान न देने के कारण डॉक्टरजी पर 1 मई, 1921 को नागपुर में सरकार ने किसका मुकदमा चला दिया?

(क) अवज्ञा (ख) देशद्रोह

(ग) राजद्रोह (घ) बगावत

10. डॉक्टरजी पर 1 मई, 1921 को नागपुर में सरकार द्वारा आरोपित राजद्रोह का मुकदमा लड़ने के लिए बचाव पक्ष के अनेक वकील आगे आए, किंतु जब न्यायाधीश स्मेली के दुर्व्यवहार के कारण उन्होंने न्यायालय छोड़ दिया, तब डॉक्टरजी का मुकदमा किसने लड़ा था?

(क) गांधीजी ने

(ख) स्वयं डॉक्टरजी ने

(ग) गोपा कृष्ण गोखले ने

(घ) अरविंद घोष ने

11. ''मैंने अपने देश-बांधवों में अपनी दीन-हीन मातृभूमि के प्रति उत्कृष्ट भक्तिभाव जगाने का प्रयत्न किया। यूरोपीय तथा वे, जो अपने को भारत सरकार कहते हैं, उन्हें सावधान हो जाना चाहिए कि अब उनके ससम्मान वापस चले जाने की घड़ी आ गई है।'' डॉ. केशवराव हेडगेवार के इस तेजस्वी वक्तव्य को सुनने के बाद न्यायाधीश स्मेली ने क्या कहा था?

(क) यह वक्तव्य भ्रामक है

(ख) यह वक्तव्य हिंसक है

(ग) यह वक्तव्य साहसिक है

(घ) मूल भाषण की तुलना में यह वक्तव्य अधिक राजद्रोहपूर्ण है।

उत्तर के लिए कृपया पृष्ठ सं. 94 देखें

12. राजद्रोहपूर्ण भाषणों के आरोप में डॉक्टरजी ने एक हजार रुपए की दो जमानतें, एक हजार रुपए का मुचलका लिखकर देने और एक वर्ष तक राजद्रोही भाषण न करने का वचन देने से इनकार कर दिया तो उन्हें कितनी सजा दी गई?
(क) एक वर्ष का सश्रम कारावास
(ख) दो वर्ष का कारावास
(ग) डेढ़ वर्ष का सश्रम कारावास
(घ) ढाई वर्ष का कारावास

13. राजद्रोह के झूठे आरोप में डॉक्टरजी को किस दिन एक वर्ष के सश्रम कारावास की सजा दी गई?
(क) मंगलवार 18 अगस्त, 1921 को
(ख) बुधवार 17 अगस्त, 1921 को
(ग) बृहस्पतिवार 18 अगस्त, 1921 को
(घ) शुक्रवार 19 अगस्त, 1921 को

14. राजद्रोह के झूठे आरोप में डॉक्टरजी ने एक वर्ष के सश्रम कारावास की सजा नागपुर की किस जेल में काटी?
(क) सेल्युलर (ख) अजनी
(ग) तिहाड़ (घ) यरवदा

15. नागपुर जेल में प्रवेश करते ही जेल के नियमानुसार डॉक्टरजी से उनका यज्ञोपवीत उतारकर रखने के लिए कहा गया तो उन्होंने क्या किया?
(क) बात मान ली
(ख) अनशन पर बैठ गए
(ग) भोजन त्याग दिया
(घ) दृढ़ता से मना कर दिया, जिससे अधिकारियों को दुराग्रह का साहस नहीं हुआ

उत्तर के लिए कृपया पृष्ठ सं. 94 देखें

16. नागपुर जेल में डॉक्टरजी को सबसे पहले क्या काम दिया गया?
(क) कागज काटने का
(ख) हाथ से बना कागज चिपकाने का
(ग) भोजन बनाने का
(घ) सफाई का

17. नागपुर जेल में डॉक्टरजी को दूसरी बार क्या कान दिया गया?
(क) कागज काटने का
(ख) हाथ से बना कागज चिपकाने का
(ग) भोजन बनाने का
(घ) कागज की लुगदी तैयार करने का

18. नागपुर जेल में डॉक्टरजी को तीसरी बार क्या काम दिया गया?
(क) पुस्तकों की जिल्द बाँधने का
(ख) हाथ से बना कागज चिपकाने का
(ग) भोजन बनाने का
(घ) कागज की लुगदी तैयार करने का

19. नागपुर जेल में तय काम के बाद खाली समय में डॉक्टरजी क्या करते थे?
(क) तकली से सूत कातते
(ख) महाभारत का 'शांतिपर्व' पढ़ते
(ग) मरीजों का इलाज करते
(घ) तकली से सूत कातते या महाभारत का 'शांतिपर्व' पढ़ते

20. डॉक्टरजी को नागपुर के अजनी कारागृह से कब मुक्ति मिली?
(क) 18 अगस्त, 1922 को
(ख) 12 जुलाई, 1922 को
(ग) 13 जुलाई, 1922 को
(घ) 22 जुलाई, 1922 को

उत्तर के लिए कृपया पृष्ठ सं. 94 देखें

21. डॉक्टरजी कब से कब तक नागपुर के अजनी कारागृह में रहे ?
(क) 11 अगस्त, 1921 से 13 जुलाई, 1922 तक
(ख) 18 अगस्त, 1921 से 28 जुलाई, 1922 तक
(ग) 28 अगस्त, 1921 से 12 जुलाई, 1922 तक
(घ) 19 अगस्त, 1921 से 12 जुलाई, 1922 तक

22. प्रत्येक परिस्थिति में हँसते रहनेवाले डॉक्टरजी का ग्यारह महीने के जेल प्रवास में वजन घटा या बढ़ा ?
(क) घटा (ख) बढ़ा
(ग) न घटा, न बढ़ा (घ) कह नहीं सकते

23. प्रत्येक परिस्थिति में हँसते रहनेवाले डॉक्टरजी का ग्यारह महीने के जेल प्रवास में कुल कितना वजन बढ़ा था ?
(क) 11 किलोग्राम (ख) 1 किलोग्राम
(ग) 12.5 किलोग्राम (घ) 7.5 किलोग्राम

24. 12 जुलाई, 1922 को ग्यारह महीने के जेल प्रवास के बाद जब डॉक्टरजी नागपुर कारागार से बाहर आए तो उनके स्वागतार्थ कारागार के मुख्य द्वार पर निम्न में से कौन उपस्थित नहीं थे ?
(क) डॉ. नारायण भास्कर खरे (ख) डॉ. परांजपे
(ग) डॉ. मुंजे (घ) महात्मा गांधी

25. जेल प्रवास से डॉक्टरजी के बाहर आने पर किस साप्ताहिक अखबार ने लिखा था— 'डॉ. हेडगेवार की देशभक्ति, निस्स्वार्थ वृत्ति तथा उत्कृष्टता के संबंध में किसी के भी मन में शंका नहीं; परंतु ये सब गुण स्वार्थ-त्याग की भट्ठी में से निखरकर बाहर निकल रहे हैं। उनके इन गुणों का आगे राष्ट्र-कार्य के लिए सौ गुना अधिक उपयोग हो, यही हमारी कामना है।'
(क) संकल्प (ख) महाराष्ट्र
(ग) लोकमत (घ) हरिजन

उत्तर के लिए कृपया पृष्ठ सं. 94 देखें

26. जेल प्रवास से बाहर आने पर उसी दिन सायंकाल डॉ. केशवराव हेडगेवार के स्वागतार्थ 'व्यंकटेश नाट्य गृह' में आयोजित हुई जनसभा में इनमें से कौन उपस्थित नहीं था?

(क) मोतीलाल नेहरू (ख) हकीम अजमल खाँ

(ग) विट्ठलभाई पटेल (घ) जवाहरलाल नेहरू

☐

उत्तर के लिए कृपया पृष्ठ सं. 94 देखें

राष्ट्रीय स्वयंसेवक संघ

1. किस वर्ष डॉ. केशवराव हेडगेवार को मध्य प्रांत के प्रांतीय कांग्रेस का सदस्य निर्वाचित होने के पश्चात् सहमंत्री भी बनाया गया?
   (क) 1922 में   (ख) 1921 में
   (ग) 1923 में   (घ) 1925 में
2. निजी अनुभव से डॉ. केशवराव हेडगेवार को कांग्रेस में 'स्वयंसेवक' का क्या अर्थ ज्ञात हुआ?
   (क) गंभीर नेता
   (ख) छुटभैए
   (ग) राष्ट्रभक्त लोग
   (घ) नेताओं की सेवा में तत्परता, मेज–कुरसी उठाना, दरी बिछाना
3. क्रांतिकाल में उपलब्ध तरुणों को कुश्ती, मलखंभ आदि के व्यायाम से पुष्ट रखने हेतु डॉ. केशवराव हेडगेवार द्वारा वर्धा में गठित इनमें से किस संस्था के वे अध्यक्ष थे?
   (क) राष्ट्रीय मल्ल विद्याशाला
   (ख) मल्ल विद्याशाला
   (ग) राष्ट्रीय मल्लशाला
   (घ) राष्ट्रीय मल्ल विद्यालय
4. सन् 1922 की गणेश चतुर्थी के दिन नागपुर में किस संस्था की स्थापना में डॉक्टरजी का विशेष योगदान रहा, गोविंद गणेश चोलकर

उत्तर के लिए कृपया पृष्ठ सं. 94 देखें

जिसके सर्वेसर्वा थे? डॉक्टरजी ने इस संस्था का उपयोग भूमिगत अनेक क्रांतिकारियों को समय-समय पर आश्रय देने तथा शस्त्रास्त्रों को छिपाकर रखने में भी किया था।

(क) बाल विद्यार्थी गृह (ख) विद्यार्थी गृह
(ग) अनाथ विद्यार्थी गृह (घ) दरिद्र विद्यार्थी गृह

5. 'खिलाफत आंदोलन' को उपहासपूर्वक डॉक्टरजी क्या कहा करते थे?

(क) वाफत आंदोलन (ख) अखिल वाफत आंदोलन
(ग) अखिलाफत आंदोलन (घ) खिलाफत आंदोलन

6. हिंदुओं के अधिकारों की रक्षार्थ 'हिंदू सभा' की स्थापना किस दिन हुई?

(क) 11 नवंबर, 1923 (ख) 21 नवंबर, 1923
(ग) 23 नवंबर, 1923 (घ) 29 नवंबर, 1923

7. हिंदू सभा का अध्यक्ष किसे बनाया गया?

(क) राजा लक्ष्मणराव भोंसले (ख) डॉ. मुंजे
(ग) डॉ. हेडगेवार (घ) विश्वनाथराव केलकर

8. हिंदू सभा का उपाध्यक्ष किसे बनाया गया?

(क) राजा लक्ष्मणराव भोंसले (ख) डॉ. मुंजे
(ग) डॉ. हेडगेवार (घ) विश्वनाथराव केलकर

9. हिंदू सभा का मंत्री किसे बनाया गया?

(क) राजा लक्ष्मणराव भोंसले (ख) डॉ. मुंजे
(ग) डॉ. हेडगेवार (घ) विश्वनाथराव केलकर

10. हिंदू सभा के प्रचारक-मंडल में इनमें से किसे शामिल किया गया?

(क) राजा लक्ष्मणराव भोंसले
(ख) डॉ. हेडगेवार
(ग) विश्वनाथराव केलकर
(घ) तीन व चार दोनों

उत्तर के लिए कृपया पृष्ठ सं. 94 देखें

11. 'हिंदुत्व' नामक ग्रंथ की रचना किसने की, जिसके डॉक्टरजी न केवल प्रशंसक रहे, बल्कि प्रचारक भी बन गए?

(क) वीर सावरकर (ख) लोकमान्य तिलक
(ग) डॉ. हेडगेवार (घ) विश्वनाथ राव केलकर

12. डॉक्टरजी इनमें से क्या थे?

(क) गांधीवादी (ख) खादीवादी
(ग) हिंदूवादी (घ) कांग्रेसवादी

13. 'पूर्ण स्वतंत्रता' के प्रचार हेतु वर्ष 1924 के पूर्वार्द्ध में अपने कुछ सहयोगियों के साथ मिलकर डॉक्टरजी ने किस दैनिक का प्रकाशन आरंभ किया था?

(क) स्वातंत्र्य (ख) स्वतंत्रता
(ग) आजाद (घ) पूर्ण स्वराज

14. महान् राष्ट्रभक्तों की त्रयी में इनमें से कौन सम्मिलित रहे?

(क) डॉ. हेडगेवार (ख) विश्वनाथराव केलकर
(ग) बाबाराव सावरकर (घ) उपर्युक्त सभी

15. डॉ. केशव बलिराम हेडगेवार की वीर सावरकर से पहली मुलाकात कब हुई थी?

(क) जनवरी 1925 में (ख) मार्च 1925 में
(ग) फरवरी 1925 में (घ) दिसंबर 1925 में

16. डॉ. केशव बलिराम हेडगेवार ने विजयादशमी के दिन 27 सितंबर, 1925 को अपने घर में ही क्या विशेष घोषणा की?

(क) संघ-स्थापना की (ख) सरकार की खिलाफत की
(ग) कांग्रेस से अलगाव की (घ) राजनीति से संन्यास की

17. डॉ. केशव बलिराम हेडगेवार द्वारा स्थापित संघ के कार्य-कलाप क्या हैं?

(क) शारीरिक व सैन्य शिक्षा (ख) राष्ट्रीय शिक्षा
(ग) मार्गदर्शनात्मक भाषण (घ) उपर्युक्त सभी

उत्तर के लिए कृपया पृष्ठ सं. 94 देखें

18. संघ की स्थापना के कितने महीने बाद उसका नामकरण हुआ?
    (क) साढ़े छह महीने (ख) तीन महीने
    (ग) दो महीने (घ) आठ महीने
19. संघ का विधिवत् नामकरण किस दिन हुआ?
    (क) 13 अप्रैल, 1926 को
    (ख) 17 अप्रैल, 1926 को रामनवमी के दिन
    (ग) 7 अप्रैल, 1926 को
    (घ) 27 अप्रैल, 1926 को
20. डॉक्टरजी द्वारा संघ का नाम तय करने के लिए 17 अप्रैल, 1926 को बुलाई सभा में मौजूद 26 सदस्यों ने क्या नाम सुझाए थे?
    (क) जरी-पटका मंडल (ख) भारतोद्धारक मंडल
    (ग) राष्ट्रीय स्वयंसेवक संघ (घ) उपर्युक्त सभी
21. सर्व-सम्मति से डॉक्टरजी द्वारा संघ का आधिकारिक नाम क्या तय किया गया?
    (क) जरी-पटका मंडल (ख) भारतोद्धारक मंडल
    (ग) राष्ट्रीय स्वयंसेवक संघ (घ) उपर्युक्त सभी
22. संघ का नाम 'राष्ट्रीय स्वयंसेवक संघ' किसके द्वारा सुझाया गया था?
    (क) पांडुरंग कृष्ण सावलापुरकर
    (ख) अण्णा सोहोनी
    (ग) बैरिस्टर गोविंदराव देशमुख
    (घ) डॉ. नारायण भास्कर खरे
23. स्वयंसेवक को पहले क्या कहा जाता था?
    (क) धर्मसेवक (ख) सर्वसेवक
    (ग) स्वयंसेवी (घ) सभासद

उत्तर के लिए कृपया पृष्ठ सं. 94 देखें

24. स्वयंसेवक दल 'भारत सेवक समाज' की स्थापना किसने की थी ?
    (क) डॉ. हेडगेवार (ख) डॉ. परांजपे
    (ग) क व ख दोनों ने (घ) किसी ने नहीं

25. स्वयंसेवकों का गणवेश क्या तय किया गया ?
    (क) खाकी नेकर
    (ख) खाकी कमीज
    (ग) दो बटनोंवाली खाकी टोपी
    (घ) खाकी नेकर, खाकी कमीज और दो बटनोंवाली खाकी टोपी

26. गणवेश पर आनेवाला खर्च कौन वहन करता है ?
    (क) स्वयंसेवक (ख) संघ
    (ग) सरकार (घ) निजी संस्थान

□

उत्तर के लिए कृपया पृष्ठ सं. 94 देखें

संघ-विस्तार

1. संघ में आनेवाले तरुणों की संख्या बढ़ गई और संघ-स्थान छोटा पड़ने लगा, तब खँडहर पड़े किस स्थान पर शाखा लगनी आरंभ हुई ?

   (क) मोहित का बाड़ा
   (ख) मोहिते का बाड़ा
   (ग) मोहिते स्कूल
   (घ) काली बाड़ा

2. ''खँडहर पड़े मोहिते का बाड़ा की साफ-सफाई में कुदाल, फावड़ा तथा तसला लेकर स्वयं डॉक्टरजी जुट गए और स्वयंसेवकों को परिश्रम और स्वावलंबन का जो पाठ पढ़ाया, वह संघ में चिर-प्रेरणा का पाठ बन गया।'' यह वाक्य है—

   (क) सही (ख) गलत
   (ग) न सही, न गलत (घ) कोई नहीं

3. संघ में कब से लाठी-शिक्षा नियमित रूप से दी जाने लगी ?

   (क) 30 मई, 1926
   (ख) 2 मई, 1926
   (ग) 28 अप्रैल, 1926
   (घ) 28 मई, 1926

उत्तर के लिए कृपया पृष्ठ सं. 94 देखें

4. संघ की लाठी आदि की शिक्षा में किसके अनेक आविष्कार स्मरणीय हैं, विशेषतः शस्त्र चलाते हुए दोनों पैरों पर दबकर खड़े रहने का पैंतरा तथा 'युद्ध योग' की पढ़ाई ?
(क) बैरिस्टर गोविंदराव देशमुख
(ख) डॉ. नारायण भास्कर खरे
(ग) अण्णा सोहोनी
(घ) रघुनाथराव पांडे

5. डॉक्टरजी ने अपने मौलिक चिंतन तथा प्रयोगशीलता के कारण संघ में रक्षाबंधन का उत्सव सन् 1926 से ही एक विशेष रीति से मनाना प्रारंभ किया। उन्होंने राष्ट्र-रक्षा का संकल्प लेने तथा समाज-बंधुओं के राखी बाँधने से राष्ट्र के प्रति आत्मीयता की वृद्धि करने के लिए उत्सव का उपयोग किया। इसी कड़ी में प्रथम रक्षाबंधन उत्सव नागपुर में कहाँ पर मनाया गया ?
(क) तुलसी बाग में
(ख) मोहिते का बाड़ा में
(ग) व्यंकटेश सभागृह में
(घ) शुक्रवार तालाब के निकट

6. संघ-स्थापना का प्रथम वार्षिकोत्सव कहाँ पर मनाया गया ?
(क) तुलसी बाग में
(ख) मोहिते का बाड़ा में
(ग) व्यंकटेश सभागृह में
(घ) डॉक्टरजी के घर पर

7. संघ-स्थापना के प्रथम वार्षिकोत्सव के अवसर पर संघ के स्वयंसेवकों के सामने अध्यक्षीय भाषण किसने दिया था ?
(क) डॉ. हेडगेवार ने
(ख) डॉ. नारायण भास्कर खरे ने
(ग) बापूराव आंबेडकर ने
(घ) डॉ. मुंजे ने

उत्तर के लिए कृपया पृष्ठ सं. 94 देखें

8. संघ-स्थापना के प्रथम वार्षिकोत्सव के अवसर पर बौद्धिक जागरूकता के प्रबल पक्षधर डॉक्टरजी ने संघ के स्वयंसेवकों के लिए कौन सी एक महत्त्वपूर्ण घोषणा की थी?

(क) तरणताल की स्थापना (ख) संघ-मंदिर की स्थापना

(ग) अस्पताल की स्थापना (घ) पुस्तकालय की स्थापना

9. संघ के स्वयंसेवकों को कब से प्रत्येक रविवार को प्रातः सैन्य शिक्षण नियमित रूप से दिया जाने लगा?

(क) दिसंबर 1926 से (ख) जनवरी 1926 से

(ग) मार्च 1926 से (घ) सितंबर 1926 से

10. पाई-पाई जोड़कर संघ के प्रसिद्ध घोष-विभाग का प्रथम वाद्ययंत्र बिगुल कब खरीदा गया था?

(क) 1931 में (ख) 1924 में

(ग) 1925 में (घ) 1926 में

11. नागपुर से बाहर संघ की सबसे पहली शाखा कहाँ पर आरंभ हुई?

(क) वर्धा (ख) पुणे

(ग) यवतमाल (घ) नाशिक

12. नागपुर से बाहर राष्ट्रीय स्वयंसेवक संघ की सबसे पहली शाखा वर्धा में कब से आरंभ हुई?

(क) 28 जून, 1926 से (ख) 11 दिसंबर, 1926 से

(ग) 18 जनवरी, 1926 से (घ) 18 फरवरी, 1926 से

13. नागपुर से बाहर राष्ट्रीय स्वयंसेवक संघ की सबसे पहली वर्धा संघ-शाखा किसकी देखरेख में आरंभ हुई?

(क) डॉ. नारायण भास्कर खरे

(ख) बापूराव आंबेडकर

(ग) अप्पाजी जोशी

(घ) डॉ. केशवराव हेडगेवार

उत्तर के लिए कृपया पृष्ठ सं. 94 देखें

14. वर्ष 1927 आते-आते मोहिते के बाड़े में संघ का रूप बहुत निखर उठा था। अब शिशुओं से प्रौढ़ों तक के अनेक पथक (गण) वहाँ चलते दिखाई देते थे। इन पथकों के नाम शिशु से प्रौढ़ तक क्रमशः लव, चिलया, कुश, ध्रुव, प्रह्लाद, अभिमन्यु, भीम तथा भीष्म रखे जाते थे। 'लव' और 'चिलया' पथक में कितने वर्ष से कम के शिशु रखे जाते थे?

(क) 10 वर्ष से कम

(ख) 10 वर्ष से अधिक

(ग) 8 वर्ष से कम

(घ) 12 वर्ष से कम

15. वर्ष 1927 आते-आते संघ-शाखा में शिशुओं से प्रौढ़ों तक के अनेक पथक (गण) वहाँ चलते दिखाई देते थे। उन पथकों के नाम शिशु से प्रौढ़ तक क्रमशः लव, चिलया, कुश, ध्रुव, प्रह्लाद, अभिमन्यु, भीम तथा भीष्म रखे जाते थे। 'भीम' में किस पथक के स्वयंसेवक रखे जाते थे?

(क) बालक (ख) वृद्ध

(ग) प्रौढ़ (घ) बड़े तरुण

16. वर्ष 1927 आते-आते संघ-शाखा में अब शिशुओं से प्रौढ़ों तक के अनेक पथक (गण) वहाँ चलते दिखाई देते थे। उन पथकों के नाम शिशु से प्रौढ़ तक क्रमशः लव, चिलया, कुश, ध्रुव, प्रह्लाद, अभिमन्यु, भीम तथा भीष्म रखे जाते थे। 'भीष्म' में किस पथक के स्वयंसेवक रखे जाते थे?

(क) बालक

(ख) वृद्ध

(ग) प्रौढ़

(घ) बड़े तरुण

उत्तर के लिए कृपया पृष्ठ सं. 94 देखें

17. प्रारंभिक स्वयंसेवकों में से अनेक बाद में बहुत चमके। इनमें एकनाथ रानडे और बालासाहब देवरस, जो आगे चलकर संघ के महान् प्रचारक-प्रसारक बने, किस पथक के बाल स्वयंसेवक थे ?

(क) भीम (ख) कुश

(ग) प्रौढ़ (घ) अभिमन्यु

18. वर्ष 1927 तक संघ में स्वयंसेवकों की संख्या कितनी हो गई थी ?

(क) 650 (ख) 730

(ग) 1,000 (घ) 5,000

□

उत्तर के लिए कृपया पृष्ठ सं. 94 देखें

संघ के विकास-सूत्र

1. स्वयंसेवकों में समाज के उत्थान व 'हिंदू संघटन' की रक्षार्थ प्रतिज्ञा कार्यक्रम किस वर्ष से आरंभ हुआ ?

   (क) 1928 से (ख) 1927 से

   (ग) 1930 से (घ) 1932 से

2. प्रथम प्रतिज्ञा कार्यक्रम कब आयोजित हुआ ?

   (क) दिसंबर 1928 में (ख) जनवरी 1928 में

   (ग) फरवरी 1928 में (घ) मार्च 1928 में

3. प्रथम प्रतिज्ञा कार्यक्रम कहाँ पर आयोजित हुआ ?

   (क) तुलसी बाग, नागपुर में

   (ख) नागपुर से 6 किलोमीटर दूर पहाड़ी (स्टार्की पॉइंट) पर

   (ग) व्यंकटेश सभागृह में, नागपुर में

   (घ) शुक्रवार तालाब के निकट, नागपुर में

4. प्रथम प्रतिज्ञा कार्यक्रम में कितने चुने हुए उत्कृष्ट स्वयंसेवकों ने हिस्सा लिया ?

   (क) 99 (ख) 100

   (ग) 95 (घ) 98

5. संघ के सर्वप्रथम सैन्य शिविर का आयोजन किस वर्ष हुआ ?

   (क) 1929 में (ख) 1926 में

   (ग) 1927 में (घ) 1928 में

उत्तर के लिए कृपया पृष्ठ सं. 94 देखें

6. संघ के सर्वप्रथम सैनिक शिविर का आयोजन किस स्थान पर हुआ ?
   (क) नागपुर में (ख) वर्धा में
   (ग) पुणे में (घ) सतारा में
7. नागपुर में विजयादशमी के दिन राष्ट्रीय स्वयंसेवक संघ के प्रथम पथ-संचलन कार्यक्रम का आयोजन किस वर्ष हुआ ?
   (क) 1927 में (ख) 1928 में
   (ग) 1929 में (घ) 1926 में
8. संघ के स्वयंसेवकों द्वारा गुरु के रूप में किसका पूजन किया जाता है ?
   (क) गुरुमूर्ति (ख) भगवा ध्वज
   (ग) सरसंघचालक (घ) किसी का नहीं
9. किस वर्ष से यह नीति आरंभ हुई कि संघ के योग्य स्वयंसेवकों को आगे की पढ़ाई के लिए नागपुर के बाहर सुदूर विश्वविद्यालयों में प्रवेश लेने भेजा जाए, जिससे कि संघ की अनेक शाखाएँ सुदूर स्थानों में प्रारंभ हो सकें ?
   (क) 1925 से (ख) 1927 से
   (ग) 1929 से (घ) 1928 से
10. डॉक्टरजी की नीति थी कि साहित्य, राजनीति, शिक्षा, धर्म आदि विविध क्षेत्रों के प्रतिष्ठित नेताओं को संघ-कार्य और संघ के स्वरूप से उत्तम रीति से परिचित करवाकर उनका आशीर्वाद तथा सहयोग संघ को प्राप्त कराया जाए। अक्तूबर 1928 में इस नीति से किन दो अत्यंत प्रतिष्ठित विभूतियों को अलग-अलग तिथियों पर मोहिते बाड़ा संघ स्थान पर आमंत्रित किया गया ?
   (क) महात्मा गांधी एवं जवाहरलाल नेहरू
   (ख) विट्ठलभाई पटेल एवं श्रीधर व्यंकटेश केलकर
   (ग) वल्लभभाई पटेल एवं जवाहरलाल नेहरू
   (घ) मोतीलाल नेहरू एवं महात्मा गांधी

उत्तर के लिए कृपया पृष्ठ सं. 94 देखें

11. 23 अक्तूबर, 1928 को विजयादशमी के अवसर पर कितने गणवेशधारी स्वयंसेवकों द्वारा प्रथम पथ-संचलन में भाग लिया गया?

(क) 500 (ख) 520
(ग) 570 (घ) 390

12. 'गोरक्षण सभा' से किसने वर्ष 1928 की गोमाता की शोभा-यात्रा हेतु डॉक्टरजी से सहयोग की अपील की, ताकि शोभा-यात्रा बिना किसी भय के निर्विघ्न निकल सके?

(क) कालू महाराज
(ख) आबे महाराज
(ग) महिमा महाराज
(घ) चौंडे महाराज

13. दिसंबर, 1928 तक नागपुर संभाग में संघ की कितनी शाखाएँ स्थापित हो चुकी थीं?

(क) 11 (ख) 13
(ग) 18 (घ) 9

14. जो स्वयंसेवक आर्थिक सुविधा होने के कारण बाहर भी पढ़ने जा सकते थे, उन्हें डॉक्टरजी ने दूसरे प्रदेशों के विश्वविद्यालयों में प्रवेश लेने की प्रेरणा दी, ताकि संघ के विस्तार में प्रभावी कार्य कर सकें। इस नीति के परिणामस्वरूप इनमें कौन से स्वयंसेवक काशी हिंदू विश्वविद्यालय में पढ़ने गए और उनके रूप में संघ ने मध्य प्रांत व विदर्भ प्रांत के बाहर प्रथम पग रखा?

(क) भैयाजी दाणी
(ख) बाबूराव तैलंग
(ग) तात्या तैलंग
(घ) उपर्युक्त सभी

उत्तर के लिए कृपया पृष्ठ सं. 95 देखें

15. डॉक्टरजी के कौन से एक विश्वस्त क्रांतिकारी साथी साधुवेश में वर्धा में रहकर अपने गेरुआ वस्त्रों में पिस्तौल व कारतूस छिपाए रहते थे? बाद में डॉक्टरजी ने सरकारी गुप्तचरों के सामने ही उस पिस्तौल को प्राप्त कर ठिकाने लगवाया और पुलिस सब जानकर भी हाथ मलती रह गई।
(क) शिवाजीराव पटवर्धन
(ख) बाबाराव सावरकर
(ग) गंगाप्रसाद पांडे
(घ) कोई नहीं

16. वर्ष 1928 में कलकत्ता में आयोजित हुए कांग्रेस अधिवेशन में डॉ. हेडगेवार किस रूप में शामिल हुए थे?
(क) स्वयंसेवक के रूप में
(ख) मध्य प्रांत कांग्रेस कार्यकारिणी के सदस्य के रूप में
(ग) दर्शक के रूप में
(घ) श्रोता के रूप में

17. कलकत्ता से लौटते हुए 6 जनवरी, 1929 को डॉ. हेडगेवारजी ने कहाँ रुककर कुछ प्रतिष्ठित नागरिकों और 'हिंदी नवयुवक राष्ट्रीय संघ' नामक संस्था के तरुण सदस्यों की बैठक में संघ-विचार रखा?
(क) दार्जिलिंग (ख) गुवाहाटी
(ग) आसनसोल (घ) खड्गपुर

18. इनमें से कौन विख्यात क्रांतिकारी संघ की मोहिते बाड़ा शाखा के स्वयंसेवक रहे?
(क) भगतसिंह (ख) राजगुरु
(ग) श्रीअरविंद (घ) सुखदेव

उत्तर के लिए कृपया पृष्ठ सं. 95 देखें

19. लाहौर में सांडर्स-वध में फरार क्रांतिकारी राजगुरु को सुरक्षित आश्रय उपलब्ध कराकर किसने उनकी सहायता की?

(क) कांग्रेस ने (ख) महात्मा गांधी ने

(ग) श्रीअरविंद ने (घ) डॉ. हेडगेवार ने

20. पाँचले गाँवकर महाराज ने संघ की गतिविधियों और आत्मीयता से प्रभावित होकर अपने किस दल का राष्ट्रीय स्वयंसेवक संघ में विलय कर दिया?

(क) तारेश्वर (ख) महेश्वर

(ग) सर्वेश्वर (घ) मुक्तेश्वर

21. 9 से 20 नवंबर, 1929 के दौरान नागपुर में हुई संघ-बैठक में डॉ. केशव बलिराम हेडगेवार को किस दिनांक प्रथम सरसंघचालक घोषित किया गया?

(क) 20 नवंबर, 1929 को (ख) 21 नवंबर, 1929 को

(ग) 10 नवंबर, 1929 को (घ) 19 नवंबर, 1929 को

22. 9 से 20 नवंबर, 1929 के दौरान नागपुर में हुई संघ-बैठक में प्रथम सरकार्यवाह किसे घोषित किया गया?

(क) बालाजी हुद्दार को (ख) मार्तंडराव जोग को

(ग) अप्पाजी जोशी को (घ) लक्ष्मण वामन परांजपे को

23. 9 से 20 नवंबर, 1929 के दौरान नागपुर में हुई संघ-बैठक में प्रथम सरसेनापति किसे घोषित किया गया?

(क) बालाजी हुद्दार को (ख) मार्तंडराव जोग को

(ग) अप्पाजी जोशी को (घ) लक्ष्मण वामन परांजपे को

□

उत्तर के लिए कृपया पृष्ठ सं. 95 देखें

कारावास और संघ-विस्तार

1. संगठित राष्ट्र की महाशक्ति को प्रकट करने के लिए चल रहे संगठन कार्य को तात्कालिक राजनीतिक आंदोलन की अपेक्षा अधिक महत्त्व देने की दूरदर्शिता दिखाते हुए वर्ष 1930 में गांधीजी द्वारा आहूत 'सविनय अवज्ञा आंदोलन' में संघ ने स्वयं भाग लिया या स्वयंसेवकों ने व्यक्तिगत रूप में?

   (क) स्वयंसेवकों ने व्यक्तिगत रूप में

   (ख) संघ ने स्वयं भाग लिया

   (ग) (क) दोनों (ख) सही हैं

   (घ) कोई सही नहीं

2. संघ के पथ-संचलनों तथा बड़े कार्यक्रमों के अवसर पर अस्वस्थ या घायल हुए स्वयंसेवकों के व्यवस्थित रूप से प्रथम उपचार के लिए डॉक्टरजी ने क्या व्यवस्था की थी?

   (क) अस्पताल (ख) नर्सिंग होम

   (ग) शुश्रूषा-पथक (घ) कुछ नहीं

3. आगामी 'जंगल सत्याग्रह' को ध्यान में रखकर संघ-हित का पूर्ण विचार करते हुए 12 जुलाई, 1930 के गुरु दक्षिणा महोत्सव के अवसर पर डॉ. हेडगेवार ने सरसंघचालक पद को त्यागकर किसे यह पद सौंप दिया, जो उस महोत्सव के अध्यक्ष बनाए गए थे?

   (क) बाबासाहब आप्टे को (ख) लक्ष्मण वामन परांजपे को

   (ग) बापूराव भेदी को (घ) दादाराव परमार्थ को

उत्तर के लिए कृपया पृष्ठ सं. 95 देखें

4. ''वर्तमान आंदोलन राष्ट्र को आगे ले जाने वाला है; परंतु वह स्वतंत्रता के मार्ग पर पहली सीढ़ी मात्र है। राष्ट्र की स्वतंत्रता के लिए अपनी संपूर्ण आयु लगा देनेवाले मनुष्य संघटित करना ही वास्तविक कार्य है।'' 12 जुलाई, 1930 के गुरु दक्षिणा महोत्सव के अवसर पर उद्बोधित यह कथन किसका है?

   (क) बापूराव भेदी का (ख) दादाराव परमार्थ का

   (ग) बाबासाहब आप्टे का (घ) लक्ष्मण वामन परांजपे का

5. ''देश में जितने आंदोलन चले, उनका अंतर्बाह्य ज्ञान प्राप्त करना तथा उनका उपयोग अपने कार्य के लिए कर लेना देश की स्वतंत्रता के लिए प्रयत्नशील किसी भी संस्था का कर्तव्य है। संघ के जो लोग आज तक इस संग्राम में कूदे हैं और जो आज हम लोग जा रहे हैं, सब इसी हेतु से अग्रसर हुए हैं।'' 12 जुलाई, 1930 के गुरु दक्षिणा महोत्सव के अवसर पर उद्बोधित यह कथन किसका है?

   (क) बापूराव भेदी का (ख) डॉ. हेडगेवार का

   (ग) बाबासाहब आप्टे का (घ) लक्ष्मण वामन परांजपे का

6. सरकार ने पशु-चारण के लिए उपयोगी जंगलों को 'सुरक्षित' घोषित कर दिया तो लोकमान्य तिलक के अनुयायी अणे द्वारा कौन सा सत्याग्रह प्रारंभ किया गया, जिसमें डॉ. हेडगेवार ने भी भाग लिया?

   (क) जंगल सत्याग्रह (ख) वन सत्याग्रह

   (ग) माटी सत्याग्रह (घ) मानुष सत्याग्रह

7. वह कौन सी जगह थी, जहाँ डॉ. हेडगेवार तथा अन्य ने जंगल सत्याग्रह किया?

   (क) अकोला में

   (ख) वर्धा में

   (ग) पुसद में

   (घ) यवतमाल के लोहारा जंगल के घामण गाँव के निकट

उत्तर के लिए कृपया पृष्ठ सं. 95 देखें

8. डॉ. हेडगेवार व उनके दल ने जंगल–सत्याग्रह किस दिन किया?
(क) 21 जुलाई, 1930 को (ख) 25 जुलाई, 1930 को
(ग) 19 जुलाई, 1930 को (घ) 29 जुलाई, 1930 को

9. जंगल–सत्याग्रह के दल–प्रमुख कौन थे?
(क) अप्पाजी जोशी (ख) बालासाहब ढवले
(ग) दादाराव परमार्थ (घ) डॉ. हेडगेवार

10. डॉ. हेडगेवार व उनके दल द्वारा जंगल–सत्याग्रह में क्या किया गया?
(क) घास काटी (ख) वृक्ष काटे
(ग) पौधारोपण किया (घ) उपर्युक्त में से कुछ नहीं

11. डॉ. हेडगेवार को जंगल–सत्याग्रह के दौरान वन की घास काटने के आरोप में कितनी सजा हुई थी?
(क) पाँच माह का सश्रम कारावास
(ख) सात माह का सश्रम कारावास
(ग) छह माह का सश्रम कारावास
(घ) नौ माह का सश्रम कारावास

12. डॉ. हेडगेवार के साथ और कितने सत्याग्रहियों को सजा हुई थी?
(क) 6 (ख) 9
(ग) 11 (घ) 8

13. डॉ. हेडगेवार को सजा काटने किस जेल में भेजा गया?
(क) यवतमाल (ख) अकोला
(ग) वर्धा (घ) नाशिक

14. डॉ. हेडगेवार जब अकोला जेल में थे, इसी दौरान मोहिते बाड़ा का संघ–स्थान उसके मालिक ने वापस ले लिया, तो संघ की शाखा कहाँ लगने लगी?
(क) हाथीखाना में (ख) जिमखाना में
(ग) रामलीला मैदान में (घ) कालीबाड़ी में

उत्तर के लिए कृपया पृष्ठ सं. 95 देखें

15. डॉ. हेडगेवार को अकोला जेल से कब मुक्त किया गया?
(क) 15 फरवरी, 1931 को (ख) 14 फरवरी, 1931 को
(ग) 24 फरवरी, 1931 को (घ) 11 फरवरी, 1931 को

16. डॉ. हेडगेवार के अकोला जेल से लौटने पर किस दिन हाथीखाना के मैदान पर हुई सभा में डॉ. परांजपे ने स्वागत में संक्षिप्त भाषण देकर उन्हें 'सरसंघचालक' पद की धरोहर सादर सौंप दी?
(क) 15 फरवरी, 1931 को (ख) 14 फरवरी, 1931 को
(ग) 24 फरवरी, 1931 को (घ) 17 फरवरी, 1931 को

17. संघ–स्थापना को आवश्यक समझकर किसने डॉक्टरजी से वाराणसी आने की अपील की?
(क) बाबाराव सावरकर ने (ख) मदनमोहन मालवीय ने
(ग) मोतीलाल नेहरू ने (घ) काका कालेलकर ने

18. बाबाराव सावरकर की अपील पर 11 मार्च, 1931 को वाराणसी पहुँचे डॉक्टरजी वहाँ कितने दिन रहे?
(क) 21 दिन (ख) 11 दिन
(ग) 15 दिन (घ) 17 दिन

19. 11 मार्च, 1931 से 1 अप्रैल, 1931 तक अपने वाराणसी प्रवास के दौरान डॉक्टर हेडगेवार ने कितनी संघ शाखाएँ खुलवाईं?
(क) 3 (ख) 1
(ग) 2 (घ) 5

20. किसने मार्च 1931 में डॉक्टरजी के 21 दिवसीय वाराणसी प्रवास के दौरान अपने 'तरुण हिंदू महासभा' नामक संगठन का संघ में विलय कर दिया तथा संघ के विस्तार में ही अपना शेष जीवन समर्पित करने का संकल्प लिया?
(क) दामोदर सावरकर (ख) नारायण सावरकर
(ग) बाबाराव सावरकर (घ) मदनमोहन मालवीय

उत्तर के लिए कृपया पृष्ठ सं. 95 देखें

21. वाराणसी प्रवास के दौरान 23 मार्च, 1931 को लाहौर जेल में तीन महान् क्रांतिकारियों—सरदार भगतसिंह, सुखदेव तथा राजगुरु को फाँसी दिए जाने के समाचार ने डॉक्टरजी को बहुत विचलित कर दिया। इन क्रांतिकारियों में कौन संघ के स्वयंसेवक भी रहे थे?

(क) सरदार भगतसिंह (ख) सुखदेव

(ग) राजगुरु (घ) तीनों ही

22. अगस्त-सितंबर 1931 के दौरान डॉ. हेडगेवार ने कहाँ का दौरा किया और अनेक स्थानों पर नई-नई शाखाएँ प्रारंभ कराईं?

(क) बंगाल (ख) विदर्भ

(ग) बिहार (घ) उड़ीसा

23. वर्ष 1931 की विजयादशमी तक देश भर में संघ की कितनी शाखाएँ स्थापित हो चुकी थीं?

(क) 40 (ख) 50

(ग) 60 (घ) 30

24. नवंबर 1931 में संघ-विस्तार के लिए डॉ. हेडगेवार ने कहाँ का व्यापक दौरा किया और सभी जिला स्थानों पर शाखाएँ स्थापित कर दीं?

(क) मराठवाड़ा

(ख) सौराष्ट्र

(ग) छत्तीसगढ़

(घ) मालवा

25. 'परिश्रम, चिंता, धन का अभाव, स्थान-स्थान पर संघ-कार्य में आनेवाली बाधाएँ, राष्ट्र भर की संघ-शाखाओं को कुछ ही वर्षों में व्याप्त कर देने की व्याकुलता, प्रातः से अर्धरात्रि के बाद तक काम में जुटे रहना, दिन में घोर परिश्रम, धन के अभाव में प्रातः से दोपहर बाद तक यहाँ-वहाँ पैदल घूमना, भीषण गरमी में पसीने

उत्तर के लिए कृपया पृष्ठ सं. 95 देखें

से लथपथ घर लौटना और स्नान व भोजन करने के बाद बिना विश्राम किए फिर से बैठक, पत्र-व्यवहार, शाखा, संपर्क आदि का क्रम।' यह किसकी दिनचर्या थी?

(क) डॉ. हेडगेवार (ख) स्वयंसेवक

(ग) संघ अधिकारी (घ) महात्मा गांधी

☐

उत्तर के लिए कृपया पृष्ठ सं. 95 देखें

हिंदूधर्म एवं संस्कृति की रक्षा

1. कराची में संघ की पहली शाखा स्वयं डॉ. हेडगेवारजी ने कब आरंभ कराई ?

   (क) मई 1932 में (ख) जून 1933 में

   (ग) जनवरी 1930 में (घ) मई 1931 में

2. कराची में स्थापित संघ की पहली शाखा का संघचालक डॉ. हेडगेवारजी ने किसे नियुक्त किया ?

   (क) दामोदर सावरकर (ख) बाबाराव सावरकर

   (ग) प्राचार्य रामसहाय (घ) डी.डी. चौधरी

3. डॉ. हेडगेवार के अथक प्रयासों और ओजस्वी प्रोत्साहन के चलते सितंबर 1932 तक नागपुर में संघ की कितनी शाखाएँ कार्य करने लगी थीं ?

   (क) 12 (ख) 13

   (ग) 16 (घ) 15

4. वर्ष 1932 में नागपुर में आयोजित संघ के विजयादशमी उत्सव के अवसर पर निकले पथ-संचलन में कितने गणवेशधारी स्वयंसेवकों ने भाग लिया ?

   (क) 1,200 (ख) 1,322

   (ग) 1,600 (घ) 1,555

उत्तर के लिए कृपया पृष्ठ सं. 95 देखें

5. वर्ष 1932 में नागपुर में आयोजित संघ के विजयादशमी उत्सव के अवसर पर विशिष्ट अतिथि के रूप में वाराणसी से कौन पधारे थे ?
   (क) बाबासाहब कोलते
   (ख) माधवराव गोलवलकर
   (ग) मदनमोहन मालवीय
   (घ) बाबाराव सावरकर
6. दिन-रात के कठिन परिश्रम के कारण नवंबर-दिसंबर 1932 में डॉक्टरजी किस रोग से ग्रस्त हो गए ?
   (क) ज्वर (ख) मलेरिया
   (ग) तपेदिक (घ) फेफड़ों में सूजन
7. मध्य प्रांतीय सरकार ने क्या कारण देते हुए 15 दिसंबर, 1932 को एक परिपत्रक द्वारा सरकारी सेवकों का राष्ट्रीय स्वयंसेवक संघ में भाग लेना प्रतिबंधित कर दिया ?
   (क) संघ सांप्रदायिक है
   (ख) संघ राजनीतिक है
   (ग) संघ भगवा है
   (घ) संघ सांप्रदायिक है और राजनीतिक आंदोलनों में अत्यधिक भाग लेता है।
8. मध्य प्रांतीय सरकार ने 15 दिसंबर, 1932 को एक परिपत्रक द्वारा सरकारी सेवकों का राष्ट्रीय स्वयंसेवक संघ में भाग लेना प्रतिबंधित कर दिया। सरकार के इस कदम का उद्देश्य क्या था ?
   (क) संघ को डराना
   (ख) संघ की प्रगति को रोकना
   (ग) संघ को शक्तिशाली बनाना
   (घ) कुछ नहीं

उत्तर के लिए कृपया पृष्ठ सं. 95 देखें

9. ''संघ राजनीति से अलिप्त है तथा किसी का द्वेष न करते हुए हिंदू समाज को सुसंगठित और बलशाली बनाने के लिए प्रयत्नशील है। सरकार बताए कि संघ ने किन राजनीतिक आंदोलनों में भाग लिया है और हिंदुस्तान में कब और कहाँ किस अहिंदू समाज पर आक्रमण किया है? किसी अन्य समाज का तिरस्कार या उससे द्वेष न करते हुए केवल अपने हिंदू समाज के कल्याण के लिए चलाए गए संघ-कार्य को सांप्रदायिक नहीं कहा जा सकता। सरकार को यह जान लेना चाहिए कि संघ-कार्य दबाया नहीं जा सकता। हिंदू धर्म तथा संस्कृति की रक्षा के लिए किया गया प्रयत्न हिंदुस्तान में कभी सांप्रदायिक नहीं हो सकता।'' मध्य प्रांतीय सरकार द्वारा सरकारी सेवकों का राष्ट्रीय स्वयंसेवक संघ में भाग लेना प्रतिबंधित कर दिए जाने पर यह वक्तव्य किसने दिया था?

(क) महात्मा गांधी ने

(ख) डॉ. हेडगेवार ने

(ग) बाबाराव सावरकर ने

(घ) मदनमोहन मालवीय ने

10. वर्ष 1933 में मध्य प्रांत की सरकार ने अपने परिपत्रक को पुनः प्रचारित किया, परंतु इस बार संघ पर केवल एक आरोप लगाया गया। वह क्या था?

(क) अराजकता (ख) विद्रोह

(ग) राजनीतिक (घ) सांप्रदायिकता

11. ''हम साहित्यिक लोग तो वाग्वीर हैं, परंतु यहाँ तो शक्ति की प्रत्यक्ष उपासना हो रही है। यह शक्ति का दृश्य स्वरूप है। सहस्रों व्याख्यान देखकर तथा लेख लिखकर हम जो काम सिद्ध नहीं कर सकते, जो भाव लोगों के मन पर अंकित नहीं कर सकते, वह संघ के इस दृश्य मात्र से संभव है। प्रत्यक्ष दृश्य मात्र से ही महान् तत्त्वों

उत्तर के लिए कृपया पृष्ठ सं. 95 देखें

का बोध हो सकता है, संघ इसका अत्यंत प्रभावी उदाहरण है।" वर्ष 1933 के उत्तरार्द्ध में नागपुर में संघ-शिविर देखकर यह महान् वक्तव्य किसने दिया था?

(क) शंकरराव देव (ख) काका साहब खाडिलकर

(ग) बाबूराव गोखले (घ) दत्तोपंत पोतदार

12. जून 1932 में संघ के किस परम हितैषी, हिंदुत्व के अभिमानी और घनिष्ठ मित्र के अकस्मात् देहांत के समाचार ने डॉ. हेडगेवारजी को विचलित कर दिया?

(क) बाबा साहब खापर्डे

(ख) उम्मेदसिंह ठाकुर

(ग) राजा लक्ष्मणराव भोंसले

(घ) सी.बी. पारख

13. मध्य प्रांत की सरकार किन पर अप्रत्यक्ष रीति से दबाव डालती रही कि वे संघ की सहायता करना बंद कर दें, किंतु वे अडिग रहे?

(क) बाबा साहब खापर्डे (ख) राजा लक्ष्मणराव भोंसले

(ग) उम्मेदसिंह ठाकुर (घ) सी.बी. पारख

14. जून 1932 में नागपुर के राजा लक्ष्मणराव भोंसले के देहांत के बाद सरकारी दबाव के कारण संघ-शाखा हाथीखाना से भी हटने को बाध्य कर दी गई। तब राजपरिवार ने संघ को कहाँ पर शाखा लगाने की अनुमति दी?

(क) गुलाब बाग (ख) राम बाग

(ग) विष्णु बाग (घ) तुलसी बाग

15. संघ के प्रति सरकारी दमन की कुटिल नीति को समझकर डॉ. हेडगेवारजी ने वर्ष 1933 में नाग नदी के पार किस स्थान पर सवा दो एकड़ जमीन खरीदकर संघ के लिए स्थायी व्यवस्था कर दी?

(क) गुलाब बाग (ख) रेशम बाग

(ग) विष्णु बाग (घ) मलमल बाग

उत्तर के लिए कृपया पृष्ठ सं. 95 देखें

16. संघ के वर्धा (सेवाग्राम) शीत शिविर उद्घाटन कार्यक्रमों को दूर से ही देखकर किस महानुभाव ने शिविर निकट से देखने की इच्छा व्यक्त की ?

(क) जवाहरलाल नेहरू (ख) महात्मा गांधी
(ग) वल्लभभाई पटेल (घ) अबुल कलाम आजाद

17. महात्मा गांधी संघ के वर्धा (सेवाग्राम) शीत शिविर के अवलोकनार्थ शिविर में किस दिन पहुँचे थे ?

(क) 25 दिसंबर, 1934 को (ख) 27 दिसंबर, 1934 को
(ग) 26 दिसंबर, 1934 को (घ) 29 दिसंबर, 1934 को

18. महात्मा गांधी के साथ संघ के वर्धा (सेवाग्राम) शीत शिविर के अवलोकनार्थ और कौन-कौन आए थे ?

(क) महादेव भाई देसाई
(ख) कुमारी मीरा बेन
(ग) महादेव भाई देसाई एवं कुमारी मीरा बेन
(घ) कोई नहीं

19. जब महात्मा गांधी संघ के वर्धा (सेवाग्राम) शीत शिविर के अवलोकनार्थ आए तो उस समय शिविर प्रमुख कौन थे ?

(क) अप्पाजी जोशी (ख) उम्मेदसिंह ठाकुर
(ग) बाबा साहब केदार (घ) बाबा साहब खापर्डे

20. शिविर का दृश्य देखकर किसने किसके कंधे पर हाथ रखकर कहा, ''मैं सचमुच प्रसन्न हो गया हूँ। संपूर्ण देश में इतना प्रभावी दृश्य मैंने अभी तक कहीं नहीं देखा।''

(क) महात्मा गांधी ने महादेव भाई देसाई के
(ख) महादेव भाई देसाई ने अप्पाजी जोशी के
(ग) महात्मा गांधी ने कुमारी मीरा बेन के
(घ) महात्मा गांधी ने अप्पाजी जोशी के

उत्तर के लिए कृपया पृष्ठ सं. 95 देखें

21. संघ के वर्धा (सेवाग्राम) शीत शिविर (दिसंबर 1934) में सरसंघचालक डॉ. हेडगेवार से महात्मा गांधी की भेंट कब हुई?
    (क) 26 दिसंबर, 1934 को (ख) 27 दिसंबर, 1934 को
    (ग) 28 दिसंबर, 1934 को (घ) 29 दिसंबर, 1934 को

22. संघ के वर्धा (सेवाग्राम) शीत शिविर में 26 दिसंबर, 1934 को हुई भेंट में सरसंघचालक डॉ. हेडगेवार से संघ की कार्य-पद्धति के बारे में सुनकर महात्मा गांधी ने क्या प्रतिक्रिया व्यक्त की थी?
    (क) संघ की प्रशंसा की (ख) अप्रसन्नता व्यक्त की
    (ग) क्षोभ प्रकट किया (घ) चुप रहे

23. वर्ष 1934 में किस महत्त्वपूर्ण व्यक्ति को तुलसी बाग शाखा का कार्यवाह नियुक्त किया गया?
    (क) बाबा साहब चितले (ख) गोपालराव येरकुंटकर
    (ग) माधवराव गोलवलकर (घ) पाचलेगाँवकर महाराज

24. वर्ष 1934 में अकोला नगर में लगे संघ के अधिकारी शिक्षण वर्ग में डॉ. हेडगेवारजी ने किसे सर्वाधिकार का दायित्व दिया, जिसे उन्होंने प्रशंसनीय ढंग से निभाया?
    (क) माधवराव गोलवलकर (ख) गोपालराव येरकुंटकर
    (ग) बाबा साहब खापर्डे (घ) बाबा साहब केदार

□

उत्तर के लिए कृपया पृष्ठ सं. 95 देखें

संघ के बढ़ते कदम

1. अप्रैल 1935 में महाराष्ट्र की विभिन्न शाखाओं के निरीक्षण के दौरान डॉ. हेडगेवारजी की कौन सी पीड़ा इतनी अधिक बढ़ गई कि उन्हें बिस्तर पर लेटने को ही बाध्य होना पड़ा?

   (क) सिर की पीड़ा (ख) कमर की पीड़ा

   (ग) उदर की पीड़ा (घ) हाथ की पीड़ा

2. अप्रैल 1935 में कमर की भारी पीड़ा के दौरान डॉ. हेडगेवारजी नागपुर न जाकर सप्ताह भर कहाँ पर रहे?

   (क) साँगली के एक आश्रम में

   (ख) साँगली के एक होटल में

   (ग) साँगली के संघचालक काशीनाथ राव लिमये के घर

   (घ) साँगली के सर्किट हाउस में

3. संघ प्रचारक के रूप में किसने सत्तर वर्ष की अवस्था में खानदेश में दो मास तक प्रवास किया तथा अनेक स्थानों पर जाकर संघ-दृष्टि से व्यापक संपर्क किया?

   (क) बाबा साहब आप्टे

   (ख) दादाराव परमार्थ

   (ग) आबाजी हेडगेवार

   (घ) बाबा साहब खापर्डे

उत्तर के लिए कृपया पृष्ठ सं. 95 देखें

4. 29 दिसंबर, 1935 को पुणे में हिंदू महासभा के अधिवेशन की अध्यक्षता किसने की, जिसमें अस्वस्थता तथा पैर के घाव के कारण चलना-फिरना अत्यंत कष्टप्रद होने पर भी डॉक्टरजी 28 दिसंबर को पुणे पहुँच गए?
   (क) मोतीलाल नेहरू
   (ख) मदनमोहन मालवीय
   (ग) महात्मा गांधी
   (घ) वल्लभभाई पटेल
5. उत्कृष्ट संघ-कार्य तथा डॉक्टरजी की महानता को नमन करते हुए किसने आद्य शंकराचार्य जयंती (वैशाख शुक्ल पंचमी) के अवसर पर मई 1936 में उन्हें 'राष्ट्र सेनापति' की पदवी प्रदान करने की घोषणा की, किंतु उन्होंने आग्रहपूर्वक उसे अस्वीकार कर दिया?
   (क) मध्य प्रांत सरकार
   (ख) मदनमोहन मालवीय
   (ग) महात्मा गांधी
   (घ) नाशिक के शंकराचार्य डॉ. कुर्तकोटि
6. डॉक्टरजी ने 'संघ-स्थापना विधि' शीर्षकवाला सूचनात्मक परिपत्र कब लिखकर पूर्ण किया, जिसमें स्वयंसेवक के गुणों के संबंध में उन्होंने अपनी कल्पना स्पष्ट की थी?
   (क) 24 मार्च, 1936 को (ख) 25 मार्च, 1936 को
   (ग) 26 मार्च, 1936 को (घ) 27 मार्च, 1936 को
7. अक्तूबर 1936 में डॉक्टरजी श्री माधव सदाशिवराव गोलवलकर (श्रीगुरुजी) के बारे में क्या जानकर आश्चर्यचकित रह गए?
   (क) श्रीगुरुजी का विदेश गमन
   (ख) श्रीगुरुजी की सरकारी नौकरी
   (ग) श्रीगुरुजी की संसार से विरक्ति
   (घ) श्रीगुरुजी का अज्ञातवास

उत्तर के लिए कृपया पृष्ठ सं. 95 देखें

8. श्री माधव सदाशिवराव गोलवलकर (श्रीगुरुजी) अक्तूबर 1936 में संसार से विरक्त होकर किस आश्रम में चले गए थे?

(क) साबरमती आश्रम

(ख) सारगाछी आश्रम

(ग) रवींद्र आश्रम

(घ) अरविंद आश्रम

9. श्रीगुरुजी बंगाल के सारगाछी आश्रम से कब वापस नागपुर लौटे और डॉक्टरजी की उनके विषय में चिंता दूर हुई?

(क) नवंबर 1937 (ख) मई 1937

(ग) अगस्त 1937 (घ) मार्च 1937

10. पंजाब प्रांत में संघ-कार्य प्रारंभ करने की माँग लगातार बढ़ती जा रही थी, अतः किन्हें वर्ष 1936 में पंजाब में संघ-कार्यारंभ हेतु पंजाब के विभिन्न स्थानों पर भेजा गया?

(क) जनार्दन चिंचालक

(ख) राजाभाऊ पातुरकर

(ग) नारायण पुराणिक

(घ) उपर्युक्त सभी

11. डॉ. बालकृष्ण मुंजे द्वारा स्थापित किस सैनिक विद्यालय की संस्थापिका संस्था की संचालन समिति में डॉ. हेडगेवारजी को बहुत आग्रहपूर्वक रखा गया?

(क) केलकर सैनिक विद्यालय

(ख) भोंसले सैनिक विद्यालय

(ग) मराठा सैनिक विद्यालय

(घ) शिवाजी सैनिक विद्यालय

उत्तर के लिए कृपया पृष्ठ सं. 95 देखें

12. हिंदू स्त्रियों को हिंदुत्वनिष्ठ तथा अपनी रक्षा में समर्थ बनाने के उद्‌देश्य से डॉक्टरजी की सहमति और सहयोग से श्रीमती लक्ष्मीबाई केलकर ने किस समिति की स्थापना की?

(क) राष्ट्र सेविका समिति (ख) महाराष्ट्र सेविका समिति

(ग) राष्ट्रीय सेविका समिति (घ) राष्ट्र सेवा समिति

13. हिंदू स्त्रियों को हिंदुत्वनिष्ठ तथा अपनी रक्षा में समर्थ बनाने के उद्‌देश्य से श्रीमती लक्ष्मीबाई केलकर ने 'राष्ट्र सेविका समिति' की स्थापना कब की थी?

(क) 28 अक्तूबर, 1936 को (ख) 12 अक्तूबर, 1936 को

(ग) 25 अक्तूबर, 1936 को (घ) 29 अक्तूबर, 1936 को

14. दिसंबर, 1936 में संघ की स्वयंसेवक संख्या कितनी हो चुकी थी?

(क) 25,000 से अधिक (ख) 25,000 से कम

(ग) 20,000 (घ) 18,500

15. कोल्हापुर में देशी रियासत होने तथा वहाँ के नरेश छत्रपति राजाराम भोंसले द्वारा राष्ट्रीय स्वयंसेवक संघ पर प्रतिबंध के कारण वहाँ संघ का कार्य किस नाम से चलता था?

(क) रामराजा स्वयंसेवक संघ

(ख) राजा भोंसले स्वयंसेवक संघ

(ग) कोल्हापुर स्वयंसेवक संघ

(घ) राजाराम स्वयंसेवक संघ

□

उत्तर के लिए कृपया पृष्ठ सं. 95 देखें

राष्ट्रीय दृष्टिकोण

1. मार्च 1937 में धुले की देवपुरा शाखा पर डॉ. हेडगेवारजी ने शिवपुर शाखा के किस स्वयंसेवक का अभिनंदन किया, क्योंकि दिसंबर 1936 के कांग्रेस अधिवेशन में ध्वजारोहण में आई बाधा को उन्होंने बड़ी कुशलता से दूर कर दिया था?

   (क) रामसिंह (ख) सेवकराम

   (ग) किशनसिंह (घ) किशनरान

2. स्वयंसेवकों को यह महत्त्वपूर्ण विचार किसने दिया कि 'दल का विचार न करते हुए देशहित के हर कार्य में स्वयंसेवकों को सहयोग देना चाहिए'?

   (क) महात्मा गांधी (ख) डॉ. हेडगेवार

   (ग) गुरुजी गोलवलकर (घ) मदनमोहन मालवीय

3. पूना में अप्रैल-मई 1937 में हिंदुओं द्वारा 'सोन्या मारुति सत्याग्रह' क्यों किया गया?

   (क) पूना में हिंदुओं के सरकारी दमन के कारण

   (ख) पूना में मंदिरों में घंटा बजाने पर सरकारी प्रतिबंध के कारण

   (ग) पूना में हिंदुओं से शासकीय भेदभाव के कारण

   (घ) पूना के 'सोन्या मारुति मंदिर' में घंटा बजाने के सरकारी प्रतिबंध के कारण।

उत्तर के लिए कृपया पृष्ठ सं. 95 देखें

4. पूना में अप्रैल–मई 1937 में हिंदुओं द्वारा आयोजित 'सोन्या मारुति सत्याग्रह' के दौरान अनेक स्वयंसेवकों ने स्वयं उत्साहपूर्वक सत्याग्रह में भाग लिया, किंतु अपनी पहचान उजागर क्यों नहीं की?
   (क) यही संघ की नीति है
   (ख) सरकारी दमन से बचने के लिए
   (ग) परिजन नहीं चाहते थे
   (घ) मुसलिम-विरोध के कारण
5. पूना में अप्रैल–मई 1937 में हिंदुओं द्वारा आयोजित 'सोन्या मारुति सत्याग्रह' में क्या डॉ. हेडगेवारजी ने भाग लिया था?
   (क) नहीं (ख) हाँ
   (ग) कह नहीं सकते (घ) सभी गलत
6. पूना में अप्रैल–मई 1937 में हिंदुओं द्वारा आयोजित 'सोन्या मारुति सत्याग्रह' में डॉ. हेडगेवारजी किस दिन शामिल हुए?
   (क) 8 मई, 1937
   (ख) 11 मई, 1937
   (ग) 12 मई, 1937
   (घ) 13 मई, 1937
7. पूना में अप्रैल–मई 1937 में हिंदुओं द्वारा आयोजित 'सोन्या मारुति सत्याग्रह' में शामिल डॉ. हेडगेवारजी को बंदी तो नहीं बनाया गया, लेकिन मुकदमा चलाकर 17 मई, 1937 के निर्णय में उन पर कितना जुरमाना लगाया गया?
   (क) 5 रुपए
   (ख) 15 रुपए
   (ग) 50 रुपए
   (घ) 25 रुपए

उत्तर के लिए कृपया पृष्ठ सं. 95 देखें

8. वर्ष 1937 के विजयादशमी कार्यक्रम की प्रशंसा करते हुए किस साप्ताहिक अखबार ने संघ के स्वयंसेवकों की पद-ताल तथा घोष-पथक की बिगुल-ध्वनि के विषय में लिखा था—"तटस्थों के हृदय में कौतूहल, मित्रों के हृदय में अभिमान तथा शत्रुओं के हृदय में भय उत्पन्न करनेवाली यह ध्वनि है। यह आशा का आह्वान है, पराक्रम की हुंकार है, विजिगीषु वृत्ति का नाद है। उज्ज्वल भविष्य के पड़नेवाले पगों की आहट है तथा उज्ज्वलतर परंपरा का अनूल्य आशीर्वचन है।"

(क) सावधान (ख) केसरी

(ग) खड्गहस्थ (घ) प्रहरी

9. किस वर्ष स्वतंत्रता सेनानी वीर सावरकर ने महाराष्ट्र में व्यापक रूप से स्थान-स्थान पर जाकर संघ के कार्यों को देखा, संघ-कार्य की आवश्यकता व उसकी सफलता की कामना और हिंदुत्व के प्रचार-प्रसार के लिए उद्बोधन किए?

(क) 1935 में (ख) 1937 में

(ग) 1938 में (घ) 1936 में

10. मध्य प्रांत कांग्रेस ने 10 नवंबर, 1937 को डॉक्टरजी को एक पत्र लिखा, जिसमें संघ के उद्देश्य, कार्यक्रम आदि के संबंध में जानकारी माँगी गई, ताकि कांग्रेस संघ के प्रति नीति निश्चित कर सके। डॉ. हेडगेवारजी ने प्रत्युत्तर में क्या लिखा?

(क) संघ कांग्रेस-विरोधी नहीं है

(ख) संघ का दृष्टिकोण राष्ट्रीय है

(ग) दोनों संगठन परस्पर द्वेष व विरोध न करते हुए राष्ट्रीय कार्य करें

(घ) उपर्युक्त सभी सही

उत्तर के लिए कृपया पृष्ठ सं. 95 देखें

11. दिसंबर 1937 में नागपुर में आयोजित 1,000 बाल स्वयंसेवकों के शीत शिविर में फोटोग्राफर ने फोटो खींचना प्रारंभ किया तो डॉक्टरजी ने क्या कहकर उसे रुकवा दिया?
(क) फोटो खींचना संघ नियमों के प्रतिकूल है
(ख) बच्चों के फोटो खींचना मना है
(ग) फोटो खींचना समय की बरबादी है
(घ) मेरे साथ फोटो खींचो

12. बंगाल के सारगाछी आश्रम से वापस आकर माधवराव गोलवलकर श्रीगुरुजी ने किस वर्ष से संघ तथा डॉ. हेडगेवारजी से अपना संबंध पुनः जोड़ लिया?
(क) 1937 से (ख) 1938 से
(ग) 1939 से (घ) 1936 से

13. पुणे में मई 1938 में आयोजित 'अखिल महाराष्ट्र हिंदू युवक परिषद्' की अध्यक्षता डॉक्टरजी ने की। इस अवसर पर ये उद्गार किसने व्यक्त किए—"संघ भावी हिंदू राष्ट्र की आशा तथा भावी पीढ़ी निर्माण करने का एकमेव स्थान है।"
(क) गणपतराव नलावडे
(ख) रामभाऊ रजवाडे
(ग) वि.दा. सावरकर
(घ) केशवराम हेडगेवार

14. लाहौर में पहली बार लगे अधिकारी शिक्षण वर्ग में डॉक्टरजी 22 अगस्त, 1938 को पहुँचे। उनके साथ और कौन-कौन गए थे?
(क) नाना साहब आप्टे
(ख) माधवराव गोलवलकर
(ग) अकेले गए
(घ) नाना साहब आप्टे एवं माधवराव गोलवलकर

उत्तर के लिए कृपया पृष्ठ सं. 95 देखें

15. अगस्त 1938 में लाहौर प्रवास के दौरान डॉक्टरजी को किस कठिन रोग ने आ घेरा?

(क) कमर दर्द (ख) सिर दर्द

(ग) शारीरिक दर्द (घ) उदर दर्द

16. अक्तूबर 1938 में हैदराबाद निजाम की हिंदू-विरोधी नीतियों के विरुद्ध संघ के हजारों स्वयंसेवकों ने सत्याग्रह किया और जब सत्याग्रह-संचालकों ने कुछ पत्रकों में सत्याग्रह-संभागियों में संघ का नामोल्लेख किया तो डॉक्टरजी ने क्या कहा?

(क) श्रेय संघ को मिले, व्यक्तियों को नहीं

(ख) श्रेय उन्हें मिले

(ग) श्रेय व्यक्तियों को मिले, संघ को नहीं

(घ) कुछ नहीं

17. अक्तूबर 1938 में नागपुर के विजयादशमी उत्सव की अध्यक्षता पंजाब के किस प्रसिद्ध नेता ने की थी?

(क) गोपालराव चितके (ख) डॉ. गोकुलचंद नारंग

(ग) श्रावणे मास्टर (घ) तात्या साहब सोहनी

18. दिसंबर मास में संपन्न वर्ष 1938 के संघ के शीत-शिविर का उद्‌घाटन किसने किया था?

(क) गणपतराव नलावडे ने

(ख) बाबाराव सावरकर ने

(ग) विनायक दामोदर सावरकर ने

(घ) महात्मा गांधी ने

□

उत्तर के लिए कृपया पृष्ठ सं. 95 देखें

उत्तराधिकारी की खोज

1. विविध प्रांतों में संघ के निरंतर बढ़ते कार्य के अनुरूप संघ की मराठी-हिंदी प्रार्थना और संघ की संस्कृत-मराठी मिश्रित आज्ञाओं को नया रूप देने की आवश्यकता अनुभव करते हुए डॉक्टरजी ने प्रमुख कार्यकर्ताओं की बैठक कब बुलाई ?
   (क) जनवरी 1939 में (ख) फरवरी 1939 में
   (ग) सितंबर 1939 में (घ) नवंबर 1939 में
2. संघ की संस्कृत गद्य में प्रार्थना को किसने लिखा, जिसे बाद में पद्य रूप में तैयार कराया गया ?
   (क) नाना साहब टालाटुले (ख) बबनराव पंडित
   (ग) माधवराव गोलवलकर (घ) अप्पाजी जोशी
3. अपने उत्तराधिकारी की खोज के क्रम में डॉ. हेडगेवारजी ने अपने किस अनन्य सहयोगी से यह पूछा था, ''मेरे स्थान पर गुरुजी को सर संघचालक बना दिया जाए तो कैसा रहेगा ?''
   (क) विट्ठलराव पतकी (ख) अप्पाजी जोशी
   (ग) नाना साहब टालाटुले (घ) बबनराव पंडित
4. अपने उत्तराधिकारी की खोज के क्रम में डॉ. हेडगेवार किसे देख रहे थे कि वे संघमय बनने की दिशा में तेजी से पग बढ़ा रहे हैं ?''
   (क) रामभाऊ रजवाडे (ख) गणपतराव नलावडे
   (ग) नाना साहब आप्टे (घ) माधवराव गोलवलकर

उत्तर के लिए कृपया पृष्ठ सं. 96 देखें

5. कलकत्ता में पहली संघ शाखा के साथ ही बंगाल में संघ का प्रारंभ कब से हुआ?
(क) 20 मार्च, 1939 से (ख) 21 मार्च, 1939 से
(ग) 22 मार्च, 1939 से (घ) 24 मार्च, 1939 से

6. कलकत्ता में पहली संघ शाखा का शुभारंभ कराने नागपुर से डॉक्टरजी ने किसे भेजा था?
(क) गुरुजी एवं विट्ठलराव पतकी
(ख) विश्वनाथराव केलकर एवं गणपतराव नलावडे
(ग) भाऊराव देवरस एवं बाबासाहब आप्टे
(घ) गणपतराव नलावडे एवं रामभाऊ रजवाडे

7. कलकत्ता में 22 मार्च, 1939 को पहली संघ शाखा का शुभारंभ कराने के बाद गुरुजी नागपुर लौट गए और विट्ठलराव पतकी किस रूप में कलकत्ता में ही रह गए?
(क) संघचालक (ख) शिक्षक
(ग) स्वयंसेवक (घ) प्रचारक

8. किसने वर्ष 1939 में लखनऊ विश्वविद्यालय में अध्ययन करते हुए लखनऊ की शाखा प्रारंभ करा दी थी?
(क) भाऊराव देवरस (ख) भैयाजी दाणी
(ग) बालासाहब देवरस (घ) भाऊ साहब भुस्कुटे

9. कानपुर में संघ-शाखा का शुभारंभ और प्रगति किसके प्रयासों का परिणाम थी?
(क) भाऊराव देवरस (ख) भैयाजी दाणी
(ग) बाबा साहब आप्टे (घ) भाऊ साहब भुस्कुटे

10. सिंध, कराची में संघ कार्य का अच्छा विस्तार किसके परिश्रम का परिणाम था?
(क) भैयाजी दाणी (ख) बापूराव मिशीकर
(ग) बाबा साहब आप्टे (घ) भाऊ साहब भुस्कुटे

उत्तर के लिए कृपया पृष्ठ सं. 96 देखें

11. डॉक्टरजी ने संघ को व्यक्तिनिष्ठा के आधार पर नहीं, बल्कि किस आधार पर खड़ा किया था, जिसका परिणाम यह था कि प्रत्येक शाखा एक संस्कार-केंद्र और प्रत्येक स्वयंसेवक एक छोटा डॉ. हेडगेवार था?

(क) राष्ट्रनिष्ठा (ख) देवनिष्ठा
(ग) परिवारनिष्ठा (घ) तत्त्वनिष्ठा

12. जून 1939 में पूना के मिनर्वा चित्रपट गृह में डॉ. हेडगेवार ने किस फिल्म का उद्‌घाटन किया था?

(क) सत्यनिष्ठा (ख) संघ शक्ति
(ग) तिरंगा (घ) भगवा ध्वज

13. जून 1939 में डॉ. हेडगेवार ने पूना के मिनर्वा चित्रपट गृह' में 'भगवा ध्वज' नामक फिल्म का उद्‌घाटन किया था। यह फिल्म किसके जीवन-चरित्र पर आधारित थी?

(क) समर्थ गुरु रामदास (ख) डॉ. केशवराव हेडगेवार
(ग) राष्ट्रीय स्वयंसेवक संघ (घ) हिंदू राष्ट्र

14. डॉ. हेडगेवार ने पूना के मिनर्वा चित्रपट गृह में जून 1939 में 'भगवा ध्वज' नामक फिल्म का उद्‌घाटन किया, तब किसने ये उद्‌गार प्रकट किए—"आज से तीन सौ वर्ष पूर्व श्री समर्थ रामदास स्वामी ने जो पाठ पढ़ाया था, वही पाठ आज डॉ. हेडगेवार केवल बृहत् महाराष्ट्र में नहीं, अखिल हिंदुस्तान में कर रहे हैं। डॉक्टरजी यही प्रयत्न कर रहे हैं कि भगवा ध्वज राष्ट्रीय ध्वज के रूप में पुनः कैसे मान्यता प्राप्त करे। यह वास्तव में हमारा बड़ा भाग्य है कि वे हमें आज उद्‌घाटन के लिए उपलब्ध हुए हैं।"

(क) रामभऊ जामगडे
(ख) गोपालराव चितके
(ग) दादासाहब तोरणे
(घ) परशुराम बढ़िए

उत्तर के लिए कृपया पृष्ठ सं. 96 देखें

15. "अब संघ का विनाश बाहर की कोई शक्ति नहीं कर सकती। यदि किसी ने संघ पर आघात किया तो उसे वही अनुभव हो, जो फौलाद के कठोर गोले पर प्रहार करनेवाले हाथों को होता है।" पुणे में जून 1939 में यह प्रसिद्ध भाषण डॉक्टरजी ने कहाँ पर दिया था?

(क) तिलक स्मारक मंदिर

(ख) तुलसी स्मारक मंदिर

(ग) हरि स्मरण मंदिर

(घ) तिलक स्मारक

16. डॉक्टरजी चाहते थे कि संघ के एक आदेश पर अपने निजी काम-काज को त्यागकर दौड़ पड़नेवाले स्वयंसेवकों की विशाल संख्या तैयार हो। इसके लिए उन्होंने किस पद्धति के पालन का सुझाव दिया?

(क) कॉल बेल (ख) डैंजर कॉल

(ग) फोन कॉल (घ) चिट्ठी

17. संघ के एक आदेश पर अपने निजी काम-काज को त्यागकर दौड़ पड़नेवाले स्वयंसेवकों की विशाल संख्या तैयार करने के लिए डॉक्टरजी ने 'डैंजर कॉल' पद्धति के पालन का सुझाव दिया। इसकी क्या व्याख्या की?

(क) जैसे घर में आग लगते ही सभी घरवाले जिस दशा में हों, उसी में तत्काल आग बुझाने में जुट जाते हैं।

(ख) देशभक्ति से प्रेरित होकर निजी कामों को त्यागकर संघ के आह्वान पर तत्काल तत्परता।

(ग) जैसे जेल में 'डैंजर कॉल' सुनते ही पहरेदार, जेलर व अन्य अधिकारी जिस दशा में हों, उसी में दौड़ पड़ते हैं।

(घ) उपर्युक्त सभी।

उत्तर के लिए कृपया पृष्ठ सं. 96 देखें

18. जुलाई 1939 में एकाएक तीव्र ज्वर और डबल निमोनिया की गंभीर अस्वस्थता में डॉ. केशवराव हेडगेवारजी को स्वास्थ्य-लाभ के लिए कहाँ रखा गया?

(क) देवलाली (ख) नाशिक

(ग) नागपुर (घ) पुणे

19. जुलाई 1939 में गंभीर अस्वस्थता के दौरान जीवन और मृत्यु के बीच झूलते डॉक्टरजी की किसने अनन्य निष्ठा से 20-22 घंटे जागकर सेवा की थी?

(क) केशव जगन्नाथ आकूत (ख) डॉ. गोविंदराव दामले

(ग) डॉ. पांडुरंग राव (घ) श्रीगुरुजी

20. लगभग एक महीने के उपचार के बाद नाशिक के डॉ. गोविंदराव दामले हेडगेवारजी को मृत्यु के मुख में से खींच लाने में सफल रहे। प्रसन्नता में उन्होंने क्या किया?

(क) पेड़े बाँटे (ख) लड्डू बाँटे

(ग) कंबल बाँटे (घ) गरीबों को भोजन कराया

21. 3 अगस्त, 1939 को डॉ. हेडगेवारजी को अपने किस अनन्य मित्र की मृत्यु कां दु:खद समाचार मिला?

(क) बापूराव दिवाकर

(ख) नाना साहब टालाटुले

(ग) नरहरराव पारखी

(घ) बाबा साहब घटाटे

22. श्रीगुरुजी को बड़ी जिम्मेदारी देते हुए डॉक्टरजी द्वारा उन्हें राष्ट्रीय स्वयंसेवक संघ का सरकार्यवाह कब नियुक्त किया गया?

(क) 13 अगस्त, 1939 को

(ख) 14 अगस्त, 1939 को

(ग) 15 अगस्त, 1939 को

(घ) 16 अगस्त, 1939 को

उत्तर के लिए कृपया पृष्ठ सं. 96 देखें

23. किसने कहा था, ''प्रत्येक पत्थर के नीचे बिच्छू है, यह समझकर व्यवहार करोगे तो संघ के स्थायी कार्य को अन्य गुप्त आंदोलनों के संपर्क से बाधा नहीं पहुँचेगी।''

(क) डॉ. हेडगेवारजी ने श्रीगुरुजी से

(ख) श्रीगुरुजी ने विट्ठलराव पतकी से

(ग) डॉ. हेडगेवारजी ने अप्पाजी जोशी से

(घ) डॉ. हेडगेवारजी ने विट्ठलराव पतकी से

□

उत्तर के लिए कृपया पृष्ठ सं. 96 देखें

महाप्रयाग

1. जनवरी 1940 में अनुशीलन समिति के किस प्रसिद्ध क्रांतिकारी ने देशव्यापी सशस्त्र क्रांति के सिलसिले में नागपुर आकर डॉ. हेडगेवारजी से भी भेंट की?

   (क) त्रिलोकीनाथ चक्रवर्ती (ख) त्रैलोक्यनाथ चक्रवर्ती

   (ग) त्रैलोक्य चक्रवर्ती (घ) त्रिभुवन चक्रवर्ती

2. जनवरी 1940 में लगभग 25 वर्ष बाद बंगाल की अनुशीलन समिति के प्रसिद्ध क्रांतिकारी श्री त्रैलोक्यनाथ चक्रवर्ती से नागपुर भेंट में डॉ. हेडगेवारजी उनके किस छद्‌म नाम से उन्हें पहचान सके?

   (क) काली दा (ख) काली दादा

   (ग) काल दा (घ) कालीचरण दा

3. स्वास्थ्य-लाभ के लिए डॉ. हेडगेवारजी ने 7 फरवरी से 7 मार्च, 1940 तक बिहार में कहाँ प्रवास किया था?

   (क) राजगीर (ख) पटना

   (ग) गया (घ) मुंगेर

4. स्वास्थ्य-लाभ के लिए डॉ. हेडगेवारजी ने 18 मार्च से 15 अप्रैल, 1940 तक दूसरी बार बिहार में कहाँ प्रवास किया था?

   (क) गया (ख) मुंगेर

   (ग) राजगीर (घ) पटना

उत्तर के लिए कृपया पृष्ठ सं. 96 देखें

5. असाध्य कष्ट और गहरी रुग्णावस्था में 15 जून, 1940 को डॉक्टरजी को नागपुर में कहाँ भरती कराया गया?
   (क) मेयो अस्पताल में
   (ख) हिंदू चिकित्सालय में
   (ग) तिलक अस्पताल में
   (घ) अपोलो अस्पताल में
6. मृत्यु निकट प्रतीत होने पर डॉक्टरजी ने अपने स्नेही मित्र यादवराव जोशी को बुलाकर क्या समझाया?
   (क) संघ एक विशाल परिवार है, सैनिक संगठन नहीं।
   (ख) परिवार के प्रमुख का देहांत होने पर सामान्य पद्धति से अंतिम संस्कार होता है।
   (ग) संघ-परिवार के प्रमुख का भी सामान्य पद्धति से अंतिम संस्कार होना चाहिए।
   (घ) उपर्युक्त सभी।
7. कौन महान् क्रांतिकारी 20 जून, 1940 को बीमारी की दशा में निद्रालीन डॉक्टरजी के दर्शन करके ही वापस लौट गए?
   (क) सुभाषचंद्र बोस
   (ख) रामभाऊ सईकर
   (ग) बाबा साहब घटाटे
   (घ) श्रीकृष्ण पुराणिक
8. डॉक्टरजी द्वारा 19 जून, 1940 को लिखा गया पत्र उनका अंतिम पत्र सिद्ध हुआ। वह पत्र किसे लिखा गया था?
   (क) लाहौर के एक स्वयंसेवक को
   (ख) मध्य प्रांतीय सरकार को
   (ग) मदनमोहन मालवीय को
   (घ) बंबई के एक स्वयंसेवक को

उत्तर के लिए कृपया पृष्ठ सं. 96 देखें

9. 20 जून, 1940 को सबके सामने डॉक्टरजी ने ये शब्द किससे कहे थे, ''अब लंबर-पंक्चर करने तक का समय आ गया है। मैं बच गया तो ठीक ही है, नहीं तो आगे संघ का सब काम आप सँभालिए।''

(क) दादा साहब नाईक (ख) भाऊराव मोडक

(ग) श्रीगुरुजी (घ) बाबा साहब घटाटे

10. आखिर भीषण करते हुए कमर दर्द झेलते हुए किस दिन डॉक्टरजी महाप्रयाण पर चले गए?

(क) 21 जून, 1940 को (ख) 22 जून, 1940 को

(ग) 23 जून, 1940 को (घ) 26 जून, 1940 को

11. डॉक्टरजी ने 21 जून, 1940 को कितने बजे अंतिम साँस ली थी?

(क) सायं आठ बजकर सत्ताईस मिनट पर

(ख) रात्रि नौ बजकर तीस मिनट पर

(ग) दोपहर को एक बजे

(घ) प्रातः नौ बजकर सत्ताईस मिनट पर

12. डॉ. हेडगेवारजी ने 21 जून, 1940 को कहाँ पर अंतिम साँस ली थी?

(क) अस्पताल में

(ख) अपने घर पर

(ग) बाबा साहब घटाटे के घर

(घ) संघ शाखा में

13. डॉ. हेडगेवारजी का अंतिम संस्कार 21 जून, 1940 को नागपुर में कहाँ पर किया गया?

(क) तुलसी बाग संघ-स्थान पर

(ख) हाथीखाना संघ-स्थान पर

(ग) रेशमबाग संघ-स्थान पर

(घ) सभी गलत

उत्तर के लिए कृपया पृष्ठ सं. 96 देखें

14. स्व. डॉ. हेडगेवारजी की अस्थियों को किस स्थान पर विसर्जित किया गया ?

(क) प्रयाग के संगम में

(ख) हरिद्वार में

(ग) नाशिक में गोदावरी नदी में

(घ) गंगोत्तरी में

15. 3 जुलाई, 1940 को डॉक्टरजी के देहावसान के तेरहवें दिन उन्हें राष्ट्रीय श्रद्धांजलि अर्पित करते हुए संपूर्ण भारत की कितनी संघ-शाखाओं पर सार्वजनिक कार्यक्रम आयोजित किए गए ?

(क) 450 (ख) 600

(ग) 700 (घ) 675

16. 3 जुलाई, 1940 को नागपुर के रेशमबाग संघ-स्थान पर नए सरसंघचालक के पद पर श्रीगुरुजी की नियुक्ति की घोषणा किसने की थी ?

(क) मध्य प्रांत के संघचालक बाबा साहब पाध्य ने

(ख) महाराष्ट्र प्रांत के संघचालक काशीनाथराव लिमये ने

(ग) बंबई के संघचालक दादा साहब नाइक ने

(घ) सतारा के संघचालक भाऊराव मोडक ने

17. 9 जून, 1940 को नागपुर में आयोजित दीक्षांत कार्यक्रम में डॉ. केशवराव हेडगेवारजी ने अपना अंतिम भाषण दिया, जो उनका अंतिम संदेश था। उसके मुख्य बिंदु क्या थे ?

(क) प्रतिज्ञा कर लें कि जब तक तन में प्राण हैं, संघ को नहीं भूलेंगे।

(ख) किसी भी मोह से आपको विचलित नहीं होना चाहिए।

(ग) हम लोग जब तक जीवित हैं, तब तक स्वयंसेवक रहेंगे।

(घ) उपर्युक्त सभी।

उत्तर के लिए कृपया पृष्ठ सं. 96 देखें

18. स्वाध्याय के दौरान डॉ. केशवराव हेडगेवारजी को समर्थ रामदास के प्रसिद्ध ग्रंथ 'दासबोध' के अलावा और क्या पढ़ना प्रिय था?

(क) श्रीमद्भगवद्गीता (ख) महाभारत
(ग) रामायण (घ) मनुस्मृति

19. डॉ. केशवराव हेडगेवारजी की स्मृति-स्वरूप रेशम बाग संघ-स्थान पर निर्मित स्मृति-मंदिर का उद्घाटन कब किया गया?

(क) 21 जून, 1962 को (ख) 15 अप्रैल, 1962 को
(ग) 25 अप्रैल, 1962 को (घ) 5 अप्रैल, 1962 को

20. डॉ. केशवराव हेडगेवारजी के स्मृति-मंदिर में प्रतिष्ठित पंचरस धातु में बनी मूर्ति को बंबई के किस प्रसिद्ध शिल्पकार ने सजीव रूप दिया था?

(क) दादाभाई गोरेगाँवकर (ख) नानाभाई गोरेगाँवकर
(ग) नानाभाई मांजरेकर (घ) नागरजी गोरेगाँवकर

21. संघ की गतिविधियों में निष्ठापूर्वक भाग लेनेवाला प्रत्येक सदस्य क्या कहलाता है?

(क) देशभक्त (ख) मातृभक्त
(ग) सेवक (घ) स्वयंसेवक

22. संघ में भगवा ध्वज को गुरु का स्थान दिया गया है और प्रतिवर्ष व्यास-पूर्णिमा के दिन उसकी पूजा की जाती है। उस दिन स्वयंसेवक श्रद्धापूर्वक अपनी भेंट ध्वज के आगे अर्पित करते हैं। इसे क्या कहा जाता है?

(क) दक्षिणा (ख) गुरु-दक्षिणा
(ग) संघ-दक्षिणा (घ) राष्ट्र-दक्षिणा

□

उत्तर के लिए कृपया पृष्ठ सं. 96 देखें

उत्तरमाला

जीवन परिचय

1. ग	2. घ	3. क	4. घ	5. ख
6. घ	7. क	8. क	9. क	10. ख
11. क	12. ख	13. क	14. ख	15. ग
16. घ	17. क	18. घ	19. घ	20. ग
21. घ	22. क	23. घ	24. क	25. ग
26. घ	27. ग	28. ख		

वंदे मातरम्

1. घ	2. ग	3. क	4. घ	5. ख
6. घ	7. ग	8. क	9. ख	10. घ
11. क	12. घ	13. क	14. ग	15. ख
16. घ	17. ख	18. क	19. ग	20. क

अध्ययन और क्रांति-दीक्षा

1. ख	2. घ	3. क	4. ग	5. क
6. घ	7. ख	8. घ	9. ग	10. क
11. ग	12. क	13. घ	14. ख	

सशस्त्र क्रांति की तैयारी

1. क	2. ख	3. ग	4. ग	5. क

6. घ	7. ख	8. ग	9. घ	10. ग
11. ख	12. क	13. घ	14. क	15. क
16. क				

मातृभक्ति-भाव का जागरण

1. ग	2. ख	3. घ	4. क	5. ग
6. क	7. घ	8. ग	9. ग	10. ख
11. घ	12. क	13. घ	14. ख	15. घ
16. ख	17. घ	18. क	19. घ	20. ख
21. घ	22. ख	23. क	24. घ	25. ख
26. घ				

राष्ट्रीय स्वयंसेवक संघ

1. क	2. घ	3. क	4. ग	5. ख
6. क	7. क	8. ख	9. ग	10. घ
11. क	12. ग	13. क	14. घ	15. ख
16. क	17. घ	18. क	19. ख	20. घ
21. ग	22. क	23. घ	24. ग	25. घ
26. क				

संघ-विस्तार

1. ख	2. क	3. घ	4. ग	5. क
6. घ	7. ग	8. घ	9. क	10. घ
11. क	12. घ	13. ग	14. क	15. घ
16. ग	17. ख	18. ग		

संघ के विकास-सूत्र

1. क	2. घ	3. घ	4. क	5. घ
6. क	7. ख	8. ख	9. घ	10. ख

11. क	12. घ	13. ग	14. घ	15. ग
16. ख	17. घ	18. ख	19. घ	20. घ
21. ग	22. क	23. ख		

कारावास और संघ-विस्तार

1. क	2. ग	3. ख	4. घ	5. ख
6. क	7. घ	8. क	9. घ	10. क
11. घ	12. ग	13. ख	14. क	15. ख
16. घ	17. क	18. क	19. ग	20. ग
21. ग	22. ख	23. ग	24. ग	25. क

हिंदूधर्म एवं संस्कृति की रक्षा

1. क	2. घ	3. ग	4. क	5. ख
6. घ	7. घ	8. ख	9. ख	10. घ
11. ख	12. ग	13. ख	14. घ	15. ख
16. ख	17. क	18. ग	19. क	20. घ
21. क	22. क	23. ग	24. क	

संघ के बढ़ते कदम

1. ख	2. ग	3. ग	4. ख	5. घ
6. क	7. ग	8. ख	9. घ	10. घ
11. ख	12. क	13. ग	14. क	15. घ

राष्ट्रीय दृष्टिकोण

1. ग	2. ख	3. घ	4. क	5. ख
6. घ	7. घ	8. क	9. ख	10. घ
11. क	12. ख	13. ग	14. घ	15. क
16. ग	17. ख	18. ग		

उत्तराधिकारी की खोज

1.	ख	2.	क	3.	ख	4.	घ	5.	ग
6.	क	7.	घ	8.	क	9.	ग	10.	ख
11.	घ	12.	घ	13.	क	14.	ग	15.	क
16.	ख	17.	घ	18.	क	19.	घ	20.	क
21.	ख	22.	क	23.	घ				

महाप्रयाण

1.	ख	2.	घ	3.	क	4.	ग	5.	क
6.	घ	7.	क	8.	घ	9.	ग	10.	क
11.	घ	12.	ग	13.	ग	14.	क	15.	ग
16.	क	17.	घ	18.	क	19.	घ	20.	ख
21.	घ	22.	ख						

□

श्रीगुरुजी प्रश्नोत्तरी

श्रीगुरुजी गोलवलकर

माधवराव सदाशिवराव गोलवलकर उपाख्य 'श्रीगुरुजी' राष्ट्रीय स्वयंसेवक संघ के दूसरे सरसंघचालक रहे। 19 फरवरी, 1906, सोमवार के दिन श्रीमती लक्ष्मीबाई ने एक पुत्र को जन्म दिया। सारे घर में खुशियों का संचार हो गया। सभी प्रसन्न थे। इस बालक का नाम 'माधव' रखा गया। माधव के मामा का नाम बालकृष्ण पंत रायकर था। जब माधव का जन्म हुआ तो माधव की माता अपने भाई बालकृष्ण पंत के घर पर थीं। माधव के पिता का नाम सदाशिव राव था। सदाशिव राव के यहाँ नौ संतानें हुईं, जिनमें से केवल दो ही जीवित बचीं। बाकी अल्पायु में ही स्वर्ग सिधार गईं। माधवराव अपने पिता को 'भाऊजी' एवं माता को 'ताई' कहते थे।

माधव को बचपन में 'मधु' कहकर बुलाया जाता था। प्यार से उनका यह नाम रख दिया गया था। मधु ने बचपन में ही अपनी प्रतिभा को प्रदर्शित कर दिया था। जब उनके पिता ने उन्हें 'श्रीराम रक्षा स्तोत्र' पढ़ने को दिया था तो वे उसे सही ढंग से नहीं पढ़ सके, क्योंकि वह संस्कृत में था। अतः उनके पिता ने उसे पढ़कर सुनाया तो मधु ने उसे सुनकर ही कंठस्थ कर लिया।

माधव एक प्रतिभाशाली छात्र थे। भाषण प्रतियोगिता हो या कोई अन्य स्पर्धा, वे सभी में प्रथम आते। उन्होंने वर्ष 1919 में मिडल कक्षा उत्तीर्ण की और छात्रवृत्ति भी प्राप्त कर ली। वर्ष 1922 में चाँदा (अब चंद्रपुर) के जुबली हाई स्कूल से मैट्रिक परीक्षा उत्तीर्ण की। उनकी प्रतिभा व योग्यता को देखते हुए उनके पिता ने उन्हें फर्ग्युसन महाविद्यालय में डॉक्टरी की पढ़ाई के लिए

भरती करवाया; लेकिन उस विश्वविद्यालय के नियमों के कारण वे वहाँ न पढ़ सके और वापस आ गए। तत्पश्चात् उनके पिता ने उन्हें नागपुर के हिस्लाप विद्यालय में प्रवेश दिलवाया। वहाँ भी उन्होंने अपनी प्रतिभा का लोहा मनवाया और पूरे विद्यालय में ख्याति प्राप्त की। वर्ष 1924 में उन्होंने विज्ञान विषय के साथ इंटर की परीक्षा उत्तीर्ण की, साथ ही अंग्रेजी में विशेष योग्यता भी।

वर्ष 1924 में उन्होंने काशी हिंदू विश्वविद्यालय में बी.एस-सी. के लिए प्रवेश लिया और वर्ष 1926 में बी.एस-सी. करने के बाद प्राणिशास्त्र में एम.एस-सी. में प्रवेश लिया। वर्ष 1928 में प्रथम श्रेणी से एम.एस-सी. उत्तीर्ण की। एम.एस-सी. के बाद 'मत्स्य जीवन' विषय पर शोध कार्य के लिए वे मद्रास (चेन्नई) गए और एक वर्ष तक शोध में लगे रहे; लेकिन पारिवारिक परेशानी के कारण यह शोध कार्य पूर्ण नहीं कर सके और वापस आ गए। अध्ययन के साथ-साथ उन्हें पत्र लिखना और पत्र पढ़ना विशेष रूप से भाता था।

वर्ष 1931 में उन्होंने काशी हिंदू विश्वविद्यालय में अध्यापन का कार्य प्रारंभ किया। वहाँ वे प्राणिशास्त्र के प्राध्यापक थे, लेकिन इसके अतिरिक्त वे अन्य विषय अंग्रेजी, अर्थशास्त्र आदि भी पढ़ाते थे। आदर्श शिक्षक के रूप में वे इतने लोकप्रिय हुए कि विद्यार्थी ही नहीं, वहाँ के अध्यापक भी उन्हें सम्मानस्वरूप 'गुरुजी' कहकर पुकारने लगे। वहीं अध्यापन कार्य करते हुए उनके जीवन की महत्त्वपूर्ण घटना घटी। उनका संपर्क यहाँ संघ से हुआ। धीरे-धीरे वे शाखा के कार्यों में विशेष रुचि लेने लगे और सभी कार्यों में भागीदारी करने लगे। अब एक तरह से गुरुजी संघ के ही हो गए थे।

काशी हिंदू विश्वविद्यालय से वर्ष 1933 में जब वे अपने घर रामटेक (नागपुर) वापस आए, तब आगे की योजना पर विचार-विमर्श किया। तब उनकी माताजी ने उन्हें वकील बनने की प्रेरणा दी, जो गुरुजी को भी भा गई। अतः उन्होंने नागपुर विश्वविद्यालय से सन् 1935 में एल-एल.बी. की परीक्षा उत्तीर्ण की। तत्पश्चात् वकालत प्रारंभ की, लेकिन यहाँ भी संघ से उनका

नाता समाप्त नहीं हुआ और न ही मोह भंग हुआ।

संघ के प्रति गुरुजी के बढ़ते प्रेम, कार्य, लगाव एवं निष्ठा के कारण उन्हें वहाँ की शाखा का कार्यवाह बना दिया गया। इस तरह संघ के लोगों का उनमें विश्वास बढ़ता गया। गुरुजी का कार्यक्षेत्र बढ़ता गया, साथ ही सांसारिक मोह से भी उनका मन हटता जा रहा था और ध्यान-साधना की ओर झुकाव बढ़ रहा था। इसी दौरान गुरुजी का डॉ. हेडगेवार के साथ संपर्क हुआ, जो कि संघ के संस्थापक एवं सरसंघचालक थे। इन दिनों उनका स्वास्थ्य भी ठीक नहीं चल रहा था। गुरुजी के रूप में उन्हें नई ऊर्जा प्राप्त हुई थी। डॉक्टर साहब की निष्ठा श्रीगुरुजी में बढ़ती जा रही थी। गुरुजी भी पूर्ण निष्ठा के साथ संघ के कार्यों में भागीदारी कर रहे थे। संघ के शिक्षा वर्ग में भी प्रमुख की भूमिका निभा रहे थे।

कलकत्ता में संघ की शाखा नहीं थी, अत: वहाँ पर शाखा खोलने एवं संघ का प्रचार-प्रसार करने का कार्य गुरुजी को सौंपा गया। गुरुजी ने डॉक्टर साहब की आज्ञानुसार कलकत्ता जाकर सन् 1939 में संघ की शाखा खोली और प्रचार-प्रसार का कार्य प्रारंभ किया।

डॉ. हेडगेवार के स्वर्गवास के बाद गुरुजी को राष्ट्रीय स्वयंसेवक संघ का नया सरसंघचालक बनाया गया। सरसंघचालक का पद सँभालने के पश्चात् गुरुजी के कंधों पर बहुत बड़ी जिम्मेदारी आ गई थी। डॉ. हेडगेवार ने अपना खून-पसीना बहाकर, सींचकर जिस संगठन को इस बुलंदी तक पहुँचाया था, अब उस संगठन को सुदृढ़ करना एवं डॉक्टर साहब के विश्वास को गुरुजी को पूरा करना था। डॉक्टर साहब ने गुरुजी को सरसंघचालक बनाकर उनमें विश्वास जताया था। गुरुजी ने संघ को कठोर अनुशासन में बाँध दिया। सभी स्वयंसेवक भी लयबद्ध तरीके से अपने-अपने कार्यों में जुटे थे एवं लयबद्ध तरीके से कार्य करके संघ की मजबूती में पूर्ण सहयोग कर रहे थे।

गुरुजी ने 17 मार्च, 1942 को अपने भाषण में कार्यकर्ताओं का उत्साह बढ़ाते हुए कहा, ''यह हमारा अहोभाग्य है कि हम इस संकटपूर्ण स्थिति में

उत्पन्न हुए हैं। याद रखिए, उसी का नाम संसार में अमर होता है, जो विपत्ति के समय कुछ करके दिखाता है। आप सभी एक वर्ष के लिए अपने व्यक्तिगत जीवन के समस्त विचार एक तरफ रख दीजिए। आपको अपने प्रति जितना भी कठोर बनना पड़े, बनें और उसके लिए तैयार रहें। एक वर्ष के लिए व्रत धारण करें। सभी लोग एक, दो या पाँच वर्ष संघ को दें।''

यह वह समय था, जब स्वतंत्रता आंदोलन अपने चरम पर था और 'अंग्रेजो, भारत छोड़ो' आंदोलन बड़ी तेजी से चल रहा था। इस आंदोलन में महात्मा गांधी ने बंबई में अगस्त 1942 के अधिवेशन में ब्रिटिश शासन को उखाड़ फेंकने के लिए 'अंग्रेजो, भारत छोड़ो' का नारा दिया, जो एक आंदोलन के रूप में देश में उभरा और उग्र रूप धारण कर लिया।

राष्ट्रीय स्वयंसेवक संघ में अधिकतर युवा थे। वे अपने देश के प्रति कैसे उदासीन रह सकते थे। उनके मन में भी आग सुलग रही थी। गुरुजी इस बात से भली-भाँति परिचित थे; परंतु वे चाहते थे कि युवा अपनी शक्ति का उपयोग संगठन की शक्ति बढ़ाने में लगाएँ।

लेकिन गुरुजी ने वही नीति अपनाई थी, जो डॉ. हेडगेवार ने अपनाई थी—'प्रत्यक्ष राजनीति में न उतरना।' गुरुजी का उद्देश्य था—देश को संगठित करना, लोगों को आपस में जोड़ना।

गुरुजी ने संघ को संगठित कर जगह-जगह संघ का प्रचार-प्रसार कर जो संगठन खड़ा किया, उसने पूर्ण निष्ठा से हिंदुओं की रक्षा का कार्य किया। जहाँ तक हो सका, उन्होंने प्राणों की बाजी लगाकर हिंदुओं की रक्षा की।

भारत स्वतंत्र हो चुका था। सत्ता देश के नेताओं के हाथ में आ चुकी थी। गुरुजी जानते थे, अभी देश स्वतंत्र हुआ है और देश की उन्नति के लिए बहुत कार्य करने हैं। अत: इसी कारण वे देश के कांग्रेसी नेताओं को देश की उन्नति के पथ पर अग्रसर होने का पूर्ण विश्वास दिला रहे थे; लेकिन संघ के बढ़ते प्रभाव को देखकर कांग्रेसी प्रसन्न नहीं थे और इसे कुचलने का प्रयास कर रहे थे।

सरदार पटेल ने 6 जनवरी, 1948 को लखनऊ में अपने भाषण में कहा था, ''कांग्रेसी जो सत्तारूढ़ हैं, वे यह सोचते हैं कि अपने बल एवं अधिकार द्वारा वे संघ को जड़ सहित समाप्त कर देंगे। कभी ऐसा होता नहीं है। संघ के लोग देशप्रेमी एवं सच्चे देशभक्त हैं।''

गांधी हत्या के बाद 4 फरवरी, 1948 को सरकार ने पूरे देश में संघ के कार्यों पर प्रतिबंध लगा दिया; साथ ही इस प्रतिबंध के बाद देश में संघ के हजारों कार्यकर्ताओं को गिरफ्तार कर जेल भेज दिया गया, जिन पर लूटपाट एवं दंगा-फसाद का आरोप लगाया गया। उस वक्त गुरुजी जेल में नजरबंद थे। छह माह की अवधि समाप्त होने पर गुरुजी को 8 अगस्त, 1948 को मुक्त कर दिया गया; लेकिन सरकार ने उनके क्रियाकलापों पर पाबंदी लगा दी, जिसके अंतर्गत गुरुजी नागपुर की सीमा से बाहर नहीं जा सकते थे। अंतत: 13 अक्तूबर, 1948 को गुरुजी पर लगाए गए समस्त प्रतिबंध हटा लिये गए।

वर्ष 1954 में बंगाल, बिहार एवं असम में बाढ़ आई, तब संघ ने प्रभावित लोगों की बढ़-चढ़कर सहायता की। वहाँ लाखों लोगों के घर बह गए। वे बेघर होकर सड़क पर आ गए। एक बार पुन: गुरुजी ने सहायता के लिए लोगों से आगे आने को कहा।

इस तरह जब भी कोई प्राकृतिक आपदा या देश पर अन्य किसी भी प्रकार की विपत्ति आती तो राष्ट्रीय स्वयंसेवक संघ के लोग सर्वप्रथम आगे आकर सेवाभाव से सहायता में जुट जाते। गुरुजी का कहना था, ''किसी भी प्रकार की सहायता किसी को दो तो यह नहीं सोचना चाहिए कि हमने उस पर उपकार किया है; बल्कि लोगों की परेशानी में उनकी सहायता स्वयं ही करनी चाहिए, न कि कोई कहे कि सहायता करो, तब उसकी सहायता की जाए। सेवाभाव हम सभी के दिलों में स्वत: ही आना चाहिए।''

देश में जहाँ-जहाँ भी जरूरत पड़ती थी, गुरुजी अपने कर्मठ स्वयंसेवकों के साथ वहाँ चट्टान की भाँति जा खड़े होते थे और फिर फौलाद की बनी

उस चट्टान के फौलादी इरादों से टकराकर बड़ी-बड़ी समस्याएँ, भीषणतम बाधाएँ—सभी दम तोड़ देती थीं।

सन् 1962 में चीन ने भारत पर आक्रमण किया, तब गुरुजी ने संघ के स्वयंसेवकों सहित देश के सभी नागरिकों को देश के साथ मिलकर दुश्मनों को खदेड़ने का आह्वान किया। संघ का सबसे अधिक विस्तार उन्हीं के कार्यकाल में हुआ। राजनीतिक क्षेत्र में उनके प्रयासों से 'भारतीय जन संघ' राजनीतिक दल खड़ा हुआ। विरोधियों के दुष्प्रचार को रोकने के लिए 'भारत प्रकाशन' तथा ऑर्गनाइजर, पाञ्चजन्य, राष्ट्रधर्म, स्वदेश आदि पत्रों का प्रकाशन शुरू हुआ। विद्यार्थियों के बीच 'अखिल भारतीय विद्यार्थी परिषद्', दुनिया भर के हिंदुओं को संगठित करने के लिए 'विश्व हिंदू परिषद्', कामगारों के बीच दत्तोपंत ठेंगड़ी के नेतृत्व में 'भारतीय मजदूर संघ' एवं वनवासी कल्याण आश्रम, गौ रक्षा आंदोलन, विवेकानंद शिला स्मारक, विवेकानंद केंद्र, विश्व विभाग, विद्या भारती, सरस्वती शिशु मंदिर, अखिल भारतीय ग्राहक पंचायत, अखिल भारतीय साहित्य परिषद्, भारतीय शिक्षण मंडल, भारत विकास परिषद्, दीनदयाल शोध संस्थान, भारतीय इतिहास संकलन योजना की शुरुआत गुरुजी के नेतृत्व में हुई। 1 जुलाई, 1970 को गुरुजी का कैंसर का ऑपरेशन हुआ। 5 जून, 1973 को उनका निधन हो गया।

बचपन

1. गुरुजी का पूरा नाम क्या था?
   (क) माधव शिव गोलवलकर
   (ख) माधवराव शिवराव गोलवलकर
   (ग) माधवराव गोलवलकर
   (घ) माधव सदाशिवराव गोलवलकर
2. गुरुजी का जन्म कब हुआ था?
   (क) 19 फरवरी, 1906 को
   (ख) 9 फरवरी, 1906 को
   (ग) 29 फरवरी, 1906 को
   (घ) 11 फरवरी, 1906 को
3. गुरुजी का जन्म किस जगह पर हुआ था?
   (क) बंबई (ख) पूना
   (ग) सतारा (घ) नागपुर
4. गुरुजी के परिवार का नाम क्या था?
   (क) राय (ख) रायकर
   (ग) रायकवार (घ) रायकरवरकर
5. गुरुजी के पिता का नाम क्या था?
   (क) सदाशिवराव (ख) रामाराव
   (ग) शिवराव (घ) शिवरामराव

उत्तर के लिए कृपया पृष्ठ सं. 156 देखें

6. गुरुजी की माता का नाम क्या था?
   (क) फूलनबाई (ख) तीजनबाई
   (ग) ताराताई (घ) लक्ष्मीताई
7. गुरुजी का बचपन का नाम क्या था?
   (क) माधव (ख) मधु
   (ग) मधुर (घ) मधुकर
8. गुरुजी के कितने भाई-बहन जन्म के एक वर्ष के भीतर ही चल बसे?
   (क) 3 (ख) 2
   (ग) 4 (घ) 5
9. गुरुजी के बड़े भाई का नाम क्या था?
   (क) अमृत (ख) अमर
   (ख) आनंद (घ) अमरीश
10. गुरुजी के बड़े भाई अमृत आयु में उनसे कितने बड़े थे?
   (क) 7 साल (ख) 5 साल
   (ग) 2 साल (घ) 3 साल
11. गुरुजी के बड़े भाई अमृत का निधन अल्पायु में हो गया। वे कितने वर्ष दुनिया में रहे?
   (क) 13 वर्ष (ख) 9 वर्ष
   (ग) 15 वर्ष (घ) 11 वर्ष
12. गुरुजी के बड़े भाई अमृत का निधन कैसे हुआ था?
   (क) बस दुर्घटना से (ख) नौका दुर्घटना से
   (ग) टायफाइड से (घ) डूबने से
13. गुरुजी के पिता सदाशिवराव को सम्मानपूर्वक लोग क्या कहकर पुकारते थे?
   (क) दाऊ (ख) भाऊ
   (ग) ताऊ (घ) जेठा

उत्तर के लिए कृपया पृष्ठ सं. 156 देखें

14. गुरुजी की माता लक्ष्मीताई को सम्मान से लोग क्या कहकर पुकारते थे ?

(क) माई (ख) मइया
(ग) अम्माँ (घ) ताई

15. गुरुजी के माता-पिता के घर में कुल नौ संतानों ने जन्म लिया, जिनमें से केवल एक जीवित बची, उसका नाम क्या था ?

(क) स्वयं गुरुजी (ख) अमृत
(ग) अमर (घ) तुलसी

16. गुरुजी का परिवार महाराष्ट्र के कोंकण स्थित किस गाँव का मूल निवासी था ?

(क) गोलवल (ख) गोवली
(ग) गोलली (घ) गोलवर्ली

17. गुरुजी का परिवार एक ब्राह्मण परिवार था, उसका उपनाम क्या था ?

(क) पाध्ये (ख) पाधर
(ग) पाधेय (घ) पुध्ये

18. गुरुजी के ब्राह्मण परिवार के उपनाम 'पाध्ये' का क्या अर्थ है ?

(क) पारंगत (ख) पुरोहित
(ग) विद्वान् (घ) सज्जन

19. गुरुजी के पूर्वज जीविकोपार्जन हेतु क्या कार्य किया करते थे ?

(क) खेती (ख) दुकानदारी
(ग) नौकरी (घ) पुरोहिती

20. गुरुजी का पाध्ये परिवार बेहतर जिंदगी की तलाश में पहले कोंकण से पैठण पहुँचा। इसके बाद स्थायी रूप से कहाँ जाकर बस गया ?

(क) पूना (ख) लातूर
(ग) नागपुर (घ) सतारा

उत्तर के लिए कृपया पृष्ठ सं. 156 देखें

21. गुरुजी के पिता सदाशिवराव उपाख्य भाऊजी पेशे से क्या थे?
    (क) अध्यापक (ख) डॉक्टर
    (ग) किसान (घ) अधिकारी
22. गुरुजी का बचपन छत्तीसगढ़ के किस पिछड़े गाँव में बीता, जहाँ केवल पैदल, बैलगाड़ी या घोड़ागाड़ी से ही जाया जा सकता था और जहाँ उनके पिता अध्यापक की नौकरी करते थे?
    (क) पल्लीगाँव (ख) सराय
    (ग) पल्लीसराय (घ) सरायपल्ली
23. छोटी उम्र से ही गुरुजी की याददाश्त कैसी थी?
    (क) कम (ख) तेज
    (ग) बहुत तेज (घ) मंद
24. छोटी उम्र से ही गुरुजी एक बार जो पढ़ लेते थे, वह उन्हें याद हो जाता था। बड़े होने के साथ अपनी इस याददाश्त के कारण वे कैसे विद्यार्थी के रूप में विकसित होते चले गए?
    (क) बुद्धिमान
    (ख) एक पाठी
    (ग) होशियार
    (घ) अक्लमंद
25. मिडल स्कूल में पढ़ाई के दौरान इनमें से कौन सा ग्रंथ गुरुजी ने कंठस्थ कर लिया था?
    (क) महाभारत (ख) अवेस्ता
    (ग) रामचरितमानस (घ) बाइबल
26. बचपन का कौन सा शौक गुरुजी के जीवन का सबसे अनिवार्य अंग बन गया?
    (क) पुस्तकें पढ़ना (ख) व्यायाम
    (ग) शास्त्रार्थ (घ) लेखन

उत्तर के लिए कृपया पृष्ठ सं. 156 देखें

27. मराठीभाषी होने के बावजूद हिंदी के अलावा किस भाषा पर गुरुजी की अच्छी पकड़ थी ?

(क) कन्नड़ (ख) तमिल

(ग) गुजराती (घ) अंग्रेजी

28. माध्यमिक विद्यालय तक पहुँचते-पहुँचते गुरुजी ने इनमें से किस अंग्रेजी साहित्यकार के पूरे साहित्य को पढ़ लिया था ?

(क) जॉन मिल्टन (ख) जॉर्ज इलियट

(ग) शेक्सपीयर (घ) मार्क ट्वेन

29. गुरुजी अपने छात्र-जीवन में किस कला में माहिर थे और उसमें उन्होंने अनेक पुरस्कार जीते ?

(क) चित्रकला (ख) भाषण कला

(ग) वाद-विवाद (घ) लेखन कला

□

उत्तर के लिए कृपया पृष्ठ सं. 156 देखें

शिक्षा

1. गुरुजी ने मैट्रिक की परीक्षा किस वर्ष उत्तीर्ण की?
   (क) 1922 में (ख) 1921 में
   (ग) 1923 में (घ) 1920 में
2. गुरुजी के पिता भाऊजी उन्हें क्या बनाना चाहते थे?
   (क) वकील (ख) अध्यापक
   (ग) डॉक्टर (घ) इंजीनियर
3. एक सरकारी सर्कुलर के कारण पूना के फर्ग्यूसन कॉलेज में प्रवेश निरस्त होने के बाद माधवरावजी (गुरुजी) ने किस कॉलेज में प्रवेश लिया?
   (क) गोखले महाविद्यालय, नागपुर
   (ख) शिवाजी कॉलेज, पुणे
   (ग) एलफिंस्टन कॉलेज, बंबई
   (घ) हिसलॉप कॉलेज, नागपुर
4. ईसाई मिशनरी द्वारा संचालित हिसलॉप महाविद्यालय, नागपुर में किस अध्यापक द्वारा दिए गए 'बाइबल' के गलत संदर्भ को गुरुजी ने ठीक किया था?
   (क) प्रोफेसर लुइस (ख) प्रोफेसर गार्डनर
   (ग) प्रोफेसर जॉन (घ) प्रोफेसर विल्सन

उत्तर के लिए कृपया पृष्ठ सं. 156 देखें

5. गुरुजी को कौन सा वाद्य यंत्र बजाना पसंद था, जिसमें वे सिद्धहस्त थे?

   (क) तबला (ख) सितार

   (ग) गिटार (घ) बाँसुरी

6. गुरुजी ने हिसलॉप महाविद्यालय से किस वर्ष इंटर की पढ़ाई पूरी की?

   (क) 1923 में (ख) 1925 में

   (ग) 1924 में (घ) 1926 में

7. गुरुजी ने बी.एस-सी. की पढ़ाई के लिए कहाँ प्रवेश लिया था?

   (क) बनारस हिंदू विश्वविद्यालय

   (ख) इलाहाबाद विश्वविद्यालय

   (ग) विदर्भ विश्वविद्यालय

   (घ) मराठवाड़ा विश्वविद्यालय

8. गुरुजी ने अध्ययन के दौरान एक दिन में अंग्रेजी के कितने पृष्ठ का अनुवाद करके रिकॉर्ड बनाया था?

   (क) 73 (ख) 113

   (ग) 180 (घ) 129

9. गुरुजी किस खेल के बेहतरीन खिलाड़ी थे?

   (क) क्रिकेट (ख) मल्ल

   (ग) कबड्डी (घ) टेनिस

10. गुरुजी ने बी.एस-सी. किस वर्ष में उत्तीर्ण की?

   (क) 1930 में (ख) 1926 में

   (ग) 1927 में (घ) 1929 में

11. गुरुजी ने प्राणिशास्त्र में एम.एस-सी. की परीक्षा किस वर्ष उत्तीर्ण की?

   (क) 1928 में (ख) 1929 में

   (ग) 1930 में (घ) 1927 में

उत्तर के लिए कृपया पृष्ठ सं. 156 देखें

12. एम.एस-सी. करने के बाद गुरुजी ने एक वर्ष किस विषय पर शोध किया ?

(क) मानव जीवन पर (ख) जन जीवन पर

(ग) जल चक्र पर (घ) मत्स्य जीवन पर

13. गुरुजी ने बी.एच.यू. से प्राणिशास्त्र में एम.एस-सी. करने के उपरांत मत्स्य जीवन पर शोध कहाँ से किया ?

(क) बंबई मत्स्यालय

(ख) संगम मत्स्यालय

(ग) मद्रास मत्स्यालय

(घ) मराठवाड़ा मत्स्यालय

14. मद्रास मत्स्यालय में शोध के दौरान गुरुजी के मन में किस भाव ने जन्म लिया, जिसके वशीभूत हो वे हिमालय प्रस्थान का विचार करने लगे ?

(क) ध्यान (ख) वैराग्य

(ग) पर्वतारोहण (घ) ग्लाइडिंग

15. एक विचारक के रूप में गुरुजी का निर्माण कहाँ रहकर हुआ ?

(क) बनारस हिंदू विश्वविद्यालय

(ख) मद्रास मत्स्यालय

(ग) क व ख दोनों

(ग) कोई नहीं

16. मद्रास मत्स्यालय में चल रहे शोध कार्य को गुरुजी को अधूरा क्यों छोड़ना पड़ा ?

(क) घर की आर्थिक तंगी के कारण

(ख) समयाभाव के कारण

(ग) विवाद के कारण

(घ) विवाह के कारण

उत्तर के लिए कृपया पृष्ठ सं. 157 देखें

17. गुरुजी ने अपने जीवन की पहली नौकरी कहाँ पर की थी ?
    (क) बनारस हिंदू विश्वविद्यालय
    (ख) इलाहाबाद विश्वविद्यालय
    (ग) बंबई महाविद्यालय
    (घ) हिसलॉप महाविद्यालय, नागपुर
18. हिसलॉप महाविद्यालय, नागपुर में गुरुजी की पहली नौकरी कितने दिन चली ?
    (क) 27 दिन (ख) 18 दिन
    (ग) 15 दिन (घ) 20 दिन
19. गुरुजी ने दूसरी व अंतिम नौकरी कहाँ पर की ?
    (क) बनारस हिंदू विश्वविद्यालय
    (ख) इलाहाबाद विश्वविद्यालय
    (ख) बंबई महाविद्यालय
    (घ) हिसलॉप महाविद्यालय, नागपुर
20. गुरुजी बनारस हिंदू विश्वविद्यालय में किस वर्ष लैक्चरर नियुक्त हुए ?
    (क) 1930 में (ख) 1931 में
    (ग) 1932 में (घ) 1937 में
21. बनारस हिंदू विश्वविद्यालय में गुरुजी बतौर लैक्चरर कौन सा विषय पढ़ाते थे ?
    (क) अर्थशास्त्र (ख) राजनीतिशास्त्र
    (ग) प्राणिशास्त्र (घ) रसायनशास्त्र
22. बनारस हिंदू विश्वविद्यालय में गुरुजी कितने वर्ष के लिए बतौर अस्थायी लैक्चरर नियुक्त हुए थे ?
    (क) 3 वर्ष (ख) 5 वर्ष
    (ग) 7 वर्ष (घ) 2 वर्ष

उत्तर के लिए कृपया पृष्ठ सं. 157 देखें

23. माधव सदाशिवराव गोलवलकर को 'गुरुजी' का संबोधन कहाँ रहकर मिला?
    (क) बनारस हिंदू विश्वविद्यालय
    (ख) इलाहाबाद विश्वविद्यालय
    (ग) बंबई महाविद्यालय
    (घ) हिसलॉप महाविद्यालय, नागपुर

24. राष्ट्रीय स्वयंसेवक संघ से गुरुजी का परिचय किस वर्ष हुआ?
    (क) 1930 में (ख) 1932 में
    (ग) 1931 में (घ) 1933 में

25. बी.एच.यू. में लगनेवाली संघ की शाखा में आने के लिए गुरुजी को किसने आमंत्रित किया?
    (क) के.बी. हेडगेवार
    (ख) बाला साहब देवरस
    (ग) भैयाजी जोशी
    (घ) भैयाजी दाणी

26. गुरुजी को संघ व डॉ. हेडगेवार के करीब लाने का श्रेय किसे जाता है?
    (क) बाला साहब देवरस
    (ख) भैयाजी दाणी
    (ग) भैयाजी जोशी
    (घ) मदन मोहन मालवीय

27. डॉ. केशव बलिराम हेडगेवार से गुरुजी की पहली मुलाकात कब और कहाँ हुई?
    (क) सन् 1932 में विजयादशमी के अवसर पर नागपुर में
    (ख) सन् 1932 में बी.एच.यू. में
    (ग) सन् 1931 में इलाहाबाद के संगम पर
    (घ) सन् 1932 में बनारस में दशाश्वमेध घाट पर

उत्तर के लिए कृपया पृष्ठ सं. 157 देखें

28. जनवरी 1933 में बी.एच.यू. के अध्यापन संबंधी अस्थायी अवधि के पूरा होने के उपरांत गुरुजी कहाँ लौट गए?

(क) नाशिक (ख) नागपुर

(ग) मद्रास (घ) सतारा

29. जनवरी 1933 में बी.एच.यू. से नागपुर लौटकर गुरुजी किसकी पढ़ाई करने लगे?

(क) वकालत (ख) डॉक्टरी

(ग) इंजीनियरिंग (घ) चित्रकारी

30. सन् 1933 में वकालत की पढ़ाई के लिए गुरुजी ने किस कॉलेज में प्रवेश लिया?

(क) बंबई विधि महाविद्यालय

(ख) बनारस विधि महाविद्यालय

(ख) पुणे विधि महाविद्यालय

(घ) नागपुर विधि महाविद्यालय

31. गुरुजी किस वर्ष वकील बनकर प्रैक्टिस करने लगे?

(क) 1938 में (ख) 1936 में

(ग) 1935 में (घ) 1937 में

32. गुरुजी ने सन् 1935 में अपने किस मित्र के साथ मिलकर वकालत आरंभ की?

(क) दत्तोपंत देशपांडे (ख) दत्तोपंत ठेंगड़ी

(ग) दत्तोपंत पांडे (घ) भैयाजी दाणी

33. डॉ. हेडगेवार के आग्रह पर गुरुजी किस वर्ष संघ में विधिवत् शामिल हुए?

(क) 1933 में (ख) 1934 में

(ग) 1935 में (घ) 1936 में

उत्तर के लिए कृपया पृष्ठ सं. 157 देखें

34. संघ में विधिवत् शामिल होते ही डॉ. हेडगेवार ने गुरुजी को किस पद पर नियुक्त किया ?

(क) सरकार्यवाह

(ख) सरसंघचालक

(ग) निजी सचिव

(घ) संघ की केंद्रीय शाखा का कार्यवाह

☐

उत्तर के लिए कृपया पृष्ठ सं. 157 देखें

राष्ट्र-निर्माण

1. माता-पिता की इच्छा को स्वीकार करते हुए गुरुजी ने विवाह किया या जीवन भर अविवाहित रहे ?
   (क) विवाह किया (ख) अविवाहित रहे
   (ग) संन्यास ले लिया (घ) सभी सही
2. एकांत और अध्यात्म की चाह में गुरुजी नागपुर में किसी को बताए बिना कहाँ चले गए थे ?
   (क) सारगाछी आश्रम (ख) साबरमती आश्रम
   (ग) आनंद आश्रम (घ) अरविंद आश्रम
3. सारगाछी आश्रम के संचालक कौन थे ?
   (क) स्वामी अखंडानंद (ख) स्वामी विवेकानंद
   (ग) स्वामी आनंद (घ) स्वामी नारायण
4. सारगाछी आश्रम के संचालक स्वामी अखंडानंद किसके शिष्य थे ?
   (क) स्वामी विवेकानंद के
   (ख) रामकृष्ण परमहंस के
   (ग) स्वामी आनंद के
   (घ) स्वामी नारायण के
5. गुरुजी सारगाछी आश्रम किस वर्ष पहुँचे थे ?
   (क) 1933 में (ख) 1934 में
   (ग) 1935 में (घ) 1936 में

उत्तर के लिए कृपया पृष्ठ सं. 157 देखें

6. स्वामी अखंडानंद ने गुरुजी को संन्यास की दीक्षा कब दी थी?
   (क) 19 फरवरी, 1937 को (ख) 15 अगस्त, 1937 को
   (ग) 13 जनवरी, 1937 को (घ) 26 जनवरी, 1937 को
7. गुरुजी की हिमालय जाने की प्रबल इच्छा पर किसने उन्हें एकांतवास न करने, डॉ. हेडगेवार के साथ काम करने और समाज-सेवा में हिमालय-दर्शन करने की आज्ञा दी?
   (क) स्वामी अखंडानंद ने (ख) स्वामी विकेकानंद ने
   (ग) स्वामी आनंद ने (घ) स्वामी नारायण ने
8. गुरुजी ने किसके परामर्श को आदेश मानते हुए सिर के बाल और दाढ़ी जीवनपर्यंत नहीं कटवाए?
   (क) स्वामी अखंडानंद के (ख) स्वामी विवेकानंद के
   (ग) डॉ. हेडगेवार के (घ) महात्मा गांधी के
9. सारगाछी आश्रम से नागपुर लौटकर गुरुजी सरसंघचालक डॉ. हेडगेवार से मिले और किस वर्ष से उन्होंने सक्रियता से संघ कार्य को ही अपना जीवन-ध्येय बना लिया?
   (क) सन् 1937 से (ख) सन् 1939 से
   (ग) सन् 1938 से (घ) सन् 1941 से
10. वर्ष 1934 में विदर्भ के अकोला में संघ का शिक्षा वर्ग संपन्न हुआ। उसमें गुरुजी को किस पद पर नियुक्त किया गया?
    (क) कार्यवाह (ख) सर्वाधिकारी
    (ग) शिक्षक (घ) निरीक्षक
11. वर्ष 1939 में हुई संघ की किस बैठक में सरसंघचालक डॉ. हेडगेवार ने गुरुजी को अपना उत्तराधिकारी बनाने का निर्णय लिया?
    (क) सिंदी (ख) पूना
    (ग) नागपुर (घ) नाशिक

उत्तर के लिए कृपया पृष्ठ सं. 157 देखें

12. वर्ष 1939 में गुरुजी को बंगाल में संघ कार्य आरंभ करने के लिए कलकत्ता भेजा गया। इसी क्रम में उन्होंने उत्तरी कलकत्ता में कब पहली संघ शाखा की शुरुआत की?

(क) 22 अप्रैल, 1939 को (ख) 29 मार्च, 1939 को

(ग) 21 मार्च, 1939 को (घ) 22 मार्च, 1939 को

13. डॉ. हेडगेवार ने गुरुजी को संघ का सरकार्यवाह (महासचिव) कब नियुक्त किया?

(क) 13 जून, 1939 को (ख) 13 अगस्त, 1939 को

(ग) 29 मई, 1939 को (घ) 22 मार्च, 1939 को

14. 21 जून, 1940 को डॉ. हेडगेवार के निधन के बाद किस दिन अगले सरसंघचालक के रूप में गुरुजी के नाम की सार्वजनिक घोषणा की गई?

(क) 3 जुलाई, 1940 को (ख) 13 अगस्त, 1939 को

(ग) 3 अगस्त, 1940 को (घ) 3 मई, 1940 को

15. डॉ. हेडगेवार के देहांत के बाद अगले सरसंघचालक के रूप में गुरुजी के नाम की सार्वजनिक घोषणा संघ के किस महानुभाव ने की थी?

(क) बालासाहब देवरस ने (ख) भैयाजी दाणी ने

(ग) भैयाजी जोशी ने (घ) बाबासाहब पाध्ये ने

16. गुरुजी के सरसंघचालक बनते ही अंग्रेजों ने संघ को एक हिंदू सेना मान लिया और इस पर प्रतिबंध लगाने के उद्देश्य से एक अध्यादेश निकालकर भारत सुरक्षा कानून 56 व 58 के अंतर्गत किसी भी निजी संगठन द्वारा सैन्य वरदी (गणवेश) धारण करने और सैन्य प्रशिक्षण देने पर प्रतिबंध लगा दिया। यह प्रतिबंध कब थोपा गया था?

(क) 5 अगस्त, 1940 को (ख) 13 अगस्त, 1940 को

(ग) 3 अगस्त, 1940 को (घ) 3 मई, 1940 को

उत्तर के लिए कृपया पृष्ठ सं. 157 देखें

17. गुरुजी ने संघ को ब्रिटिश सरकार के प्रतिबंध से कैसे बचाया?
(क) सैन्य प्रशिक्षण बंद करके
(ख) अदालत से जीतकर
(ग) सरकार से बात करके
(घ) धरना-प्रदर्शन करके

18. गुरुजी ने सैन्य प्रशिक्षण बंद करने का निर्णय कब लिया?
(क) 3 अगस्त, 1941 को
(ख) 3 मई, 1940 को
(ग) 28 अप्रैल, 1943 को
(घ) 23 मई, 1942 को

19. गुरुजी ने सैन्य प्रशिक्षण बंद करने का निर्णय लिया, तब सैन्य शिक्षा विभाग के प्रमुख कौन थे?
(क) बालासाहब देवरस (ख) भैयाजी दाणी
(ग) भैयाजी जोशी (घ) एम.पी. जोग

20. गुरुजी जब सरसंघचालक बने, तब संघ का गणवेश क्या था?
(क) खाकी कमीज और खाकी निकर
(ख) सफेद कमीज, खाकी निकर
(ग) सफेद कमीज, सफेद निकर
(घ) खाकी कमीज, सफेद निकर

21. गुरुजी द्वारा संघ के सैन्य विभाग को औपचारिक रूप से बंद कर देने के बाद स्वयंसेवकों के गणवेश में क्या बदलाव आया?
(क) खाकी कमीज और खाकी निकर
(ख) सफेद कमीज, खाकी निकर
(ग) सफेद कमीज, सफेद निकर
(घ) खाकी कमीज, सफेद निकर

उत्तर के लिए कृपया पृष्ठ सं. 157 देखें

22. 3 जुलाई, 1940 को गुरुजी गोलवलकर औपचारिक रूप से सरसंघचालक बने और इसके एक महीने बाद 5 अगस्त, 1940 को ब्रिटिश सरकार ने जब एक अध्यादेश निकालकर भारत सुरक्षा कानून के अंतर्गत संघ पर प्रतिबंध लगाने की तैयारी की, उस समय गुरुजी की उम्र कितने वर्ष थी?

(क) 52 वर्ष (ख) 32 वर्ष
(ग) 44 वर्ष (घ) 34 वर्ष

23. गुरुजी द्वारा सैन्य प्रशिक्षण बंद करने का निर्णय लेने के बाद अंग्रेजी में प्रचलित शब्द 'अटेंशन' के स्थान पर कौन सा शब्द लाया गया?

(क) संघ दक्ष
(ख) संघ पुष्ट
(ग) संघ सक्षम
(घ) संघ शरण

24. गुरुजी द्वारा सैन्य प्रशिक्षण बंद करने का निर्णय लेने के बाद अंग्रेजी में प्रचलित शब्द 'स्टैंड इट इज' के स्थान पर कौन सा शब्द लाया गया?

(क) संघ शुरू (ख) संघ पुष्टम
(ग) संघ आरम् (घ) संघ शरणम

25. गुरुजी द्वारा सैन्य प्रशिक्षण बंद करने का निर्णय लेने के बाद अंग्रेजी में प्रचलित शब्द 'प्लाटून' के स्थान पर कौन सा शब्द लाया गया?

(क) दल (ख) गण
(ग) पलटन (घ) दस्ता

26. गुरुजी द्वारा सैन्य प्रशिक्षण बंद करने का निर्णय लेने के बाद अंग्रेजी में प्रचलित शब्द 'कंपनी' के स्थान पर कौन सा शब्द लाया गया?

(क) संगठन (ख) टोली
(ग) वाहिनी (घ) मंडली

उत्तर के लिए कृपया पृष्ठ सं. 157 देखें

27. गुरुजी द्वारा सैन्य प्रशिक्षण बंद करने का निर्णय लेने के बाद अंग्रेजी में प्रचलित शब्द 'बैंड' के स्थान पर कौन सा शब्द लाया गया?

(क) बाजा (ख) वादन

(ग) ढोल (घ) घोष

28. अपने गुरु स्वामी अखंडानंद के 7 फरवरी, 1937 को ब्रह्मलीन हो जाने पर गुरुजी नागपुर कब लौटे?

(क) मार्च 1937 में (ख) फरवरी 1937 में

(ग) अप्रैल 1937 में (घ) जून 1937 में

□

उत्तर के लिए कृपया पृष्ठ सं. 158 देखें

अग्नि-परीक्षा

1. सन् 1942 के 'भारत छोड़ो आंदोलन' से संघ दूर क्यों रहा?
   (क) गुरुजी की रणनीति के तहत
   (ख) प्रतिबंध के कारण
   (ग) डर के कारण
   (घ) गांधीजी की उपेक्षा के कारण
2. क्या सन् 1942 के 'भारत छोड़ो आंदोलन' में संघ के स्वयंसेवक निजी तौर पर शामिल हुए थे?
   (क) नहीं (ख) हाँ
   (ग) पता नहीं (घ) सभी गलत
3. गुरुजी के अनुसार, 25 अक्तूबर, 1942 तक पूरे भारत में संघ की कितनी शाखाएँ चल रही थीं?
   (क) 1,497 (ख) 1,255
   (ग) 1,525 (घ) 1,500
4. गुरुजी के अनुसार, 25 अक्तूबर, 1942 तक पूरे भारत में संघ की सदस्य संख्या कितनी थी?
   (क) करीब एक लाख
   (ख) करीब डेढ़ लाख
   (ग) करीब दो लाख
   (घ) करीब तीन लाख

उत्तर के लिए कृपया पृष्ठ सं. 158 देखें

5. संघ कार्य की वृद्धि में संघ की रीढ़ किसे कहा गया है?
   (क) स्वयंसेवकों को (ख) प्रचारकों को
   (ग) सरसंघचालक को (घ) सरकार्यवाह को
6. एक बार कलकत्ता प्रवास के दौरान गुरुजी की जेब में केवल 20 रुपए थे। उन्होंने एक महीने उससे खर्च चलाया और कितने बचे हुए पैसे वापस नागपुर कार्यालय में जमा करा दिए?
   (क) कुछ नहीं (ख) 30 पैसे
   (ग) 50 पैसे (घ) 3 पैसे
7. पाकिस्तान की माँग को जोर पकड़ता देख संघ ने पंजाब व उत्तर-पश्चिम सीमा प्रांत में हिंदू व सिख समाज को संगठित करने का काम किया। उस समय पंजाब में कौन सा संगठन बहुत मजबूत था, जिसका एक ही कार्य था कि पाकिस्तान की माँग से सहमति जताते हुए पंजाब को हिंदुओं से खाली कराया जाए?
   (क) तनखइयों का (ख) मुहाजिरों का
   (ग) खाकसारों का (घ) कबाइलियों का
8. राष्ट्रीय स्वयंसेवक संघ किस प्रकार का संगठन है?
   (क) राजनीतिक (ख) सांस्कृतिक
   (ग) आर्थिक (घ) धार्मिक
9. जम्मू-कश्मीर राज्य में संघ की पहली शाखा कब आरंभ हुई?
   (क) सन् 1938 में (ख) सन् 1939 में
   (ग) सन् 1940 में (घ) सन् 1941 में
10. जम्मू-कश्मीर राज्य में जब संघ की पहली शाखा आरंभ हुई तो जम्मू के संघचालक कौन थे?
   (क) पं. प्रेमनाथ डोगरा (ख) जगदीश अब्रोल
   (ग) लाला हंसराज (घ) बलराज मधोक

उत्तर के लिए कृपया पृष्ठ सं. 158 देखें

11. कश्मीर घाटी में संघ की शाखा किसने स्थापित की थी?

(क) पं. प्रेमनाथ डोगरा ने (ख) जगदीश अब्रोल ने

(ग) लाला हंसराज ने (घ) बलराज मधोक ने

12. गुरु गोलवलकर पहली बार कश्मीर कब गए थे?

(क) अक्तूबर 1947 में (ख) अक्तूबर 1945 में

(ग) अक्तूबर 1946 में (घ) अक्तूबर 1943 में

13. "हम संघ को जड़-मूल से नष्ट करके ही रहेंगे।" 29 जनवरी, 1948 को अमृतसर में ये शब्द किसने कहे थे?

(क) महात्मा गांधी ने (ख) जवाहरलाल नेहरू ने

(ग) मौलाना आजाद ने (घ) सरदार पटेल ने

14. "संघ पर होनेवाले सभी आघातों को हम विफल करेंगे। हमारा (संघ का) कार्य किसी की कृपा से नहीं बढ़ा है। किसी की बुरी दृष्टि से वह समाप्त भी नहीं होगा।" 30 जनवरी, 1948 को मद्रास में ये शब्द किसने कहे थे?

(क) गुरु गोलवलकर ने (ख) भाऊराव देवरस ने

(ग) बाला साहब देवरस ने (घ) बाबाराव भिड़े ने

15. "संघ 20 साल पीछे चला गया।" ये शब्द किसने कहे थे?

(क) जवाहरलाल नेहरू ने (ख) महात्मा गांधी ने

(ग) बाला साहब देवरस ने (घ) गुरु गोलवलकर ने

16. "संघ 20 साल पीछे चला गया।" ये शब्द गुरु गोलवलकर ने कब कहे थे?

(क) जवाहरलाल नेहरू के निधन के बाद

(ख) महात्मा गांधी की हत्या के बाद

(ग) डॉ. हेडगेवार के निधन के बाद

(घ) गुरु गोलवलकर ने

उत्तर के लिए कृपया पृष्ठ सं. 158 देखें

17. महात्मा गांधी की हत्या के शोक-स्वरूप गुरुजी के निर्देशानुसार संघ शाखाओं के दैनिक कार्यक्रम कितने दिन के लिए स्थगित कर दिए गए?

(क) 13 दिन (ख) 7 दिन

(ग) 9 दिन (घ) 12 दिन

18. महात्मा गांधी की हत्या के झूठे आरोप में गुरुजी को कब गिरफ्तार किया गया?

(क) 3 फरवरी, 1948 को (ख) 5 फरवरी, 1948 को

(ग) 2 फरवरी, 1948 को (घ) 11 फरवरी, 1948 को

19. महात्मा गांधी की हत्या के झूठे आरोप में संघ पर प्रतिबंध कब लगाया गया?

(क) 8 फरवरी, 1948 को (ख) 4 फरवरी, 1948 को

(ग) 2 फरवरी, 1948 को (घ) 10 फरवरी, 1948 को

20. महात्मा गांधी की हत्या के झूठे आरोप में संघ के कितने स्वयंसेवकों को गिरफ्तार किया गया?

(क) 20,000 (ख) 2,000

(ग) 1,500 (घ) 15,000

21. महात्मा गांधी की हत्या के झूठे आरोप में गुरुजी की गिरफ्तारी, हजारों स्वयंसेवकों की गिरफ्तारी और संघ पर प्रतिबंध के बाद गुरुजी ने क्या किया?

(क) विरोध-यात्रा (ख) संघ विसर्जन

(ग) जन-आंदोलन (घ) जेल भरो आंदोलन

22. महात्मा गांधी की हत्या के झूठे आरोप में गुरुजी को गिरफ्तार किया गया तो उन पर क्या धारा लगाई गई, जिसे बाद में बदल दिया गया?

(क) धारा-307 (ख) धारा-420

(ग) धारा-144 (घ) धारा-302

उत्तर के लिए कृपया पृष्ठ सं. 158 देखें

23. महात्मा गांधी की हत्या के झूठे आरोप में एक भी दस्तावेज न गुरु गोलवलकर के खिलाफ आया और न ही राष्ट्रीय स्वयंसेवक संघ के खिलाफ, तो छह महीने बाद नेहरू सरकार ने मजबूरी में कब गुरुजी को रिहा कर दिया?

(क) 9 अगस्त, 1948 को (ख) 8 अगस्त, 1948 को

(ग) 6 अगस्त, 1948 को (घ) 28 अगस्त, 1948 को

24. महात्मा गांधी की हत्या के झूठे आरोप से 6 अगस्त, 1948 को रिहाई के बाद भी नेहरू सरकार ने गुरुजी को अवैध रूप से नजरबंद रखा। उनकी नजरबंदी कब हटाई गई?

(क) 16 अक्तूबर, 1948 को

(ख) 28 सितंबर, 1948 को

(ग) 26 अगस्त, 1948 को

(घ) 18 अगस्त, 1948 को

25. संघ पर लगा अवैध प्रतिबंध हटवाने के लिए गुरुजी 17 एवं 23 अक्तूबर, 1948 को दिल्ली में किस कांग्रेसी नेता से मिले, जिसने संघ के कांग्रेस में विलय की पुरजोर वकालत की?

(क) जे.बी. कृपलानी (ख) मौलाना आजाद

(ग) जवाहरलाल नेहरू (घ) सरदार पटेल

26. नेहरू सरकार ने 13 नवंबर, 1948 की रात को किस कुख्यात कानून के तहत गुरुजी को दिल्ली में फिर से गिरफ्तार कर लिया? यह वही कानून था, जिसे आजादी से पहले नेहरू ने काला कानून बताया था।

(क) स्टेट प्रिजनर्स ऐक्ट

(ख) दिल्ली स्टेट प्रिजनर्स ऐक्ट

(ग) बंगाल स्टेट प्रिजनर्स ऐक्ट

(घ) नेशनल स्टेट प्रिजनर्स ऐक्ट

उत्तर के लिए कृपया पृष्ठ सं. 158 देखें

27. नेहरू सरकार द्वारा 13 नवंबर, 1948 की रात को अपनी गिरफ्तारी के बाद गुरुजी ने स्वयंसेवकों से क्या आह्वान किया?
   (क) जेल भरो
   (ख) राष्ट्रव्यापी सत्याग्रह
   (ग) विरोध दिवस
   (घ) क्रांति

28. गुरुजी द्वारा जब 9 दिसंबर, 1948 को स्वयंसेवकों के राष्ट्रव्यापी सत्याग्रह का आह्वान किया गया तो नेहरू सरकार को दी गई चुनौती के रूप में सत्याग्रहियों का मुख्य नारा क्या था?
   (क) करो या मरो
   (ख) वंदे मातरम्
   (ग) संघ शक्ति राष्ट्रभक्ति
   (घ) संघ के खिलाफ आरोप सिद्ध करो या प्रतिबंध हटाओ

29. गुरुजी के आह्वान पर 9 दिसंबर, 1948 को जारी स्वयंसेवकों के राष्ट्रव्यापी सत्याग्रह में सरकारी आँकड़ों के मुताबिक कितने स्वयंसेवकों को गिरफ्तार कर जेल में ठूँस दिया गया?
   (क) 70,000 (ख) 77,090
   (ग) 55,000 (घ) 15,500

30. सत्याग्रह स्थगन हेतु सरकार और गुरुजी के बीच मध्यस्थ के रूप में 12 व 19 जनवरी, 1949 को सिवनी जेल में गुरुजी से किसने मुलाकात की?
   (क) गजानन विश्वनाथ केतकर ने
   (ख) बापूराव मोघे ने
   (ग) बच्छराज व्यास ने
   (घ) बाबाराव भिड़े ने

उत्तर के लिए कृपया पृष्ठ सं. 158 देखें

31. मराठी पत्र 'केसरी' के संपादक गजानन विश्वनाथ केतकर के सकारात्मक आश्वासन पर गुरुजी ने किस दिन सत्याग्रह स्थगित करने की घोषणा की?

(क) 12 जनवरी, 1949 को (ख) 29 जनवरी, 1949 को

(ग) 22 जनवरी, 1949 को (घ) 31 जनवरी, 1949 को

32. नेहरू सरकार ने संघ से प्रतिबंध हटाने की क्या शर्त लगाई?

(क) संघ का लिखित संविधान दें

(ख) संघ को भंग कर दें

(ग) संघ का नाम बदलें

(घ) संघ का कांग्रेस में विलय करें

33. संघ का लिखित संविधान तैयार कराने में किसने मदद की?

(क) भारत सरकार ने

(ख) महाराष्ट्र सरकार ने

(ग) वकीलों के समूह ने

(घ) टी.आर. व्यंकटराम शास्त्री ने

34. संघ का लिखित संविधान तैयार कराने में टी.आर. व्यंकटराम शास्त्री ने मदद की। वे कौन थे?

(क) केंद्र सरकार के महाधिवक्ता

(ख) तमिलनाडु के पूर्व महाधिवक्ता

(ग) सुप्रीम कोर्ट के वकील

(घ) संघ के पदाधिकारी

35. संघ के लिखित संविधान को तैयार करने का कार्य एक समिति ने किया, इसमें कितने सदस्य शामिल थे?

(क) 4 (ख) 8

(ग) 12 (घ) 16

उत्तर के लिए कृपया पृष्ठ सं. 158 देखें

36. संघ के लिखित संविधान को तैयार करने का कार्य तमिलनाडु के पूर्व महाधिवक्ता टी.आर. व्यंकटराम शास्त्री की मदद से एक चार सदस्यीय समिति ने किया, जिसमें राजपाल पुरी, एस.एस. आप्टे और एकनाथ रानडे शामिल थे। चौथा नाम किनका था?
(क) डॉ. पांडुरंगराव खानखोजे
(ख) भाऊराव देवरस
(ग) लाला हंसराज
(घ) पं. दीनदयाल उपाध्याय

37. गुरुजी द्वारा राष्ट्रीय स्वयंसेवक संघ के संविधान का मसौदा केंद्र सरकार को कब भेजा गया?
(क) मई 1949 में (ख) जून 1949 में
(ग) अप्रैल 1949 में (घ) जुलाई 1949 में

38. राष्ट्रीय स्वयंसेवक संघ के लिखित संविधान के अवलोकन के बाद केंद्र सरकार द्वारा किस दिन बिना शर्त संघ पर से प्रतिबंध हटा लिया गया?
(क) 13 मई, 1949 को (ख) 11 जून, 1949 को
(ग) 12 जुलाई, 1949 को (घ) 21 जुलाई, 1949 को

39. राष्ट्रीय स्वयंसेवक संघ से प्रतिबंध हटाने के बाद बिना शर्त गुरुजी को कब रिहा किया गया?
(क) 15 जुलाई, 1949 को (ख) 13 जुलाई, 1949 को
(ग) 27 जुलाई, 1949 को (घ) 19 जुलाई, 1949 को

□

उत्तर के लिए कृपया पृष्ठ सं. 158 देखें

संगठन-कौशल

1. 12 जुलाई, 1949 को संघ पर से प्रतिबंध हटाया गया और 13 जुलाई, 1949 को गुरुजी को रिहा कर दिया गया। इसके बाद दिल्ली में आयोजित पहली जनसभा में गुरुजी का भाषण सुनने के लिए कितनी भीड़ जुटी थी?

   (क) पाँच हजार (ख) पचास हजार

   (ग) एक लाख (घ) ढाई लाख

2. 12 जुलाई, 1949 को संघ पर से प्रतिबंध हटते ही गुरुजी ने संगठन–कौशल और संघ को विस्तार देने के लिए किस अभियान की शुरुआत की?

   (क) भारत मंथन

   (ख) सागर मंथन

   (ग) राष्ट्र मंथन

   (घ) जन मंथन

3. गुरुजी के नेतृत्व में संघ की बढ़ती लोकप्रियता नेहरू सहित पूरी कांग्रेस को खाए जा रही थी। उन्हें किस बात का डर था?

   (क) संघ कांग्रेस का बहिष्कार न कर दे

   (ख) संघ कांग्रेस से ज्यादा लोकप्रिय न हो जाए

   (ग) संघ राजनीतिक दल न बन जाए

   (घ) सभी गलत

उत्तर के लिए कृपया पृष्ठ सं. 158 देखें

4. संघ की बढ़ती लोकप्रियता से डरकर अखिल भारतीय कांग्रेस समिति ने 7 अक्तूबर, 1949 को प्रस्ताव पारित करके क्या निर्णय लिया?
(क) संघ सांप्रदायिक दल है
(ख) संघ के स्वयंसेवक कांग्रेस के सदस्य बन सकते हैं
(ग) संघ राष्ट्र-विरोधी है
(घ) संघ राजनीतिक दल है

5. एक राजनीतिक दल के संगठन की चर्चा के लिए गुरु गोलवलकर और डॉ. श्यामाप्रसाद मुकर्जी की पहली मुलाकात कब हुई?
(क) वर्ष 1950 में (ख) वर्ष 1951 में
(ग) वर्ष 1949 में (घ) वर्ष 1948 में

6. राष्ट्रीय स्वयंसेवक संघ के 3 दिसंबर, 1950 को नई दिल्ली में आयोजित वार्षिक समारोह की अध्यक्षता किसने की?
(क) नानाजी देशमुख ने
(ख) श्री गुरुजी ने
(ग) भाई महावीर ने
(घ) डॉ. श्यामाप्रसाद मुकर्जी ने

7. गुरुजी गोलवलकर, डॉ. श्यामाप्रसाद मुकर्जी व अन्य पदाधिकारियों के आपसी विचार-विमर्श से राजनीतिक दल के किस नाम पर सहमति बनी?
(क) यंग इंडिया पार्टी
(ख) ऑल इंडिया पीपुल्स पार्टी
(ग) भारतीय लोक संघ
(घ) भारतीय जन संघ

8. ''हिंदू राष्ट्र की पुनर्स्थापना पर डॉ. मुकर्जी की उनके साथ सहमति किसी भी तरह एक आधुनिक लोकतंत्र की स्थापना के संदर्भ में बेमेल या विसंगत नहीं थी। एक हिंदू राष्ट्र अनिवार्य रूप से अपने

उत्तर के लिए कृपया पृष्ठ सं. 158-159 देखें

तमाम नागरिकों को, गैर-हिंदू समेत, सभी धार्मिक, राजनीतिक और सांस्कृतिक मामलों में 'आजादी के अधिकार' की गारंटी देता है। एक अतिरिक्त धारा यह थी कि इस आजादी के दुरुपयोग तथा राष्ट्र-विरोधी गतिविधियों में लिप्त होने की अनुमति नहीं दी जाएगी।'' जन संघ के गठन के बाद यह वक्तव्य किसने दिया था?

(क) बापूराव मोघे (ख) पं. बच्छराज व्यास

(ग) बाबाराव भिड़े (घ) गुरु गोलवलकर

9. भारतीय राजनीतिक संगठन के रूप में जन संघ कब अस्तित्व में आया?

(क) 29 अक्तूबर, 1952 को (ख) 11 अक्तूबर, 1950 को

(ग) 21 अक्तूबर, 1951 को (घ) 18 अक्तूबर, 1949 को

10. जन संघ का घोषणा-पत्र निर्माण करने में प्रमुख भूमिका किसकी रही?

(क) दीनदयाल उपाध्याय (ख) बलराज मधोक

(ग) अटल बिहारी वाजपेयी (घ) लालकृष्ण आडवाणी

11. ''मैं संघ के चिंतन को भी जानता था और डॉ. मुकर्जी के चिंतन को भी। वह चिंतन मूलतः एक था और उसकी जड़ें भारत की धरती और उसके इतिहास, संस्कृति एवं परंपरा में थीं। इसलिए मैंने भारत को एक देश, उसके लोगों को एक जन एवं उसकी संस्कृति को एक सांस्कृतिक धारा के रूप में निरूपित किया और उसे 'हिंदू राष्ट्र' की संज्ञा दी। दल का उद्देश्य भारतीय हिंदू संस्कृति और मर्यादा के आधार पर देश का नवनिर्माण करना और वैदिक परंपरा पर आधारित धर्मराज्य स्थापित करना लिखा।'' यह कथन जन संघ के किस विचारक का है?

(क) नानाजी देशमुख (ख) सुंदर सिंह भंडारी

(ग) दीनदयाल उपाध्याय (घ) बलराज मधोक

उत्तर के लिए कृपया पृष्ठ सं. 159 देखें

12. जन संघ का पहला अध्यक्ष सर्वसम्मति से किसे निर्वाचित किया गया ?
    (क) श्यामाप्रसाद मुकर्जी को
    (ख) सुंदर सिंह भंडारी को
    (ग) दीनदयाल उपाध्याय को
    (घ) अटल बिहारी वाजपेयी को
13. स्वतंत्र भारत का पहला आम चुनाव फरवरी 1952 में हुआ। जन संघ ने 489 सीटों के लोकसभा चुनाव में कुल कितने प्रत्याशी खड़े किए ?
    (क) 34 (ख) 54
    (ग) 84 (घ) 94
14. स्वतंत्र भारत के पहले आम चुनाव फरवरी 1952 में विधानसभाओं की 3,283 सीटों में से जन संघ ने कितनी सीटों पर अपने प्रत्याशी खड़े किए ?
    (क) 834 (ख) 742
    (ग) 684 (घ) 294
15. स्वतंत्र भारत के पहले आम चुनाव फरवरी 1952 के दौरान किसने कहा, बल्कि जन संघ को सार्वजनिक रूप से धमकी दी, "मैं तुम्हारे जन संघ को कुचल दूँगा।"
    (क) जवाहरलाल नेहरू (ख) सरदार पटेल
    (ग) मौलाना आजाद (घ) जे.बी. कृपलानी
16. स्वतंत्र भारत के पहले आम चुनाव में जन संघ को लोकसभा की कितनी सीटों पर जीत हासिल हुई ?
    (क) 489 में से 13 (ख) 489 में से 3
    (ग) 489 में से 101 (घ) 489 में से 9

उत्तर के लिए कृपया पृष्ठ सं. 159 देखें

17. स्वतंत्र भारत के पहले आम चुनाव में जन संघ को विधानसभा की कितनी सीटों पर जीत हासिल हुई?

(क) 3,283 में से 55

(ख) 3,283 में से 1,008

(ग) 3,283 में से 1,300

(घ) 3,283 में से 35

18. कश्मीर की जोखिमपूर्ण यात्रा (बिना परमिट कश्मीर जाना) डॉ. मुकर्जी की त्रासद मौत के साथ समाप्त हुई। क्या इस यात्रा के बारे में डॉ. मुकर्जी ने गुरु गोलवलकर से सलाह ली थी?

(क) हाँ (ख) नहीं

(ग) पता नहीं (घ) सभी गलत

19. संघ को अवैध घोषित (गांधी हत्या के बाद) करने के बाद सरकार और पुलिस का रवैया संघ के स्वयंसेवकों के प्रति बड़ा क्रूर और दमनकारी था। उनके लिए कोई बोलनेवाला नहीं था। समाचार-पत्र संघ के स्वयंसेवकों पर होनेवाले दमन का कोई समाचार नहीं छपते थे। कांग्रेस-कम्युनिस्ट विचारधारा पर आधारित समाचार-पत्रों के झूठ और संघ के स्वयंसेवकों की प्रताड़ना तक के समाचार को दबानेवाले ऐसे पत्र समूह के विरुद्ध किसके जरिए मोर्चा खोला गया?

(क) भाषण के जरिए (ख) जनता के जरिए

(ग) चुनाव के जरिए (घ) प्रकाशन के जरिए

20. गुरुजी गोलवलकर के मार्गदर्शन में पं. दीनदयाल उपाध्याय ने किस मासिक पत्र की शुरुआत की, जिसने संघ के विचारों को अक्षरों में जनता तक पहुँचाने का कार्य किया?

(क) राष्ट्रधर्म (ख) राष्ट्ररक्षा

(ग) राष्ट्रप्रेम (घ) राष्ट्रगौरव

उत्तर के लिए कृपया पृष्ठ सं. 159 देखें

21. गुरुजी गोलवलकर के मार्गदर्शन में पं. दीनदयाल उपाध्याय ने किस साप्ताहिक पत्र की शुरुआत की, जिसने संघ के विचारों को अक्षरों में जनता तक पहुँचाने का कार्य किया?
(क) धर्मयुद्ध
(ख) राष्ट्ररक्षण
(ग) पाञ्चजन्य
(घ) राष्ट्रजन्य

22. गुरुजी गोलवलकर के मार्गदर्शन में पं. दीनदयाल उपाध्याय ने किस दैनिक पत्र की शुरुआत की, जिसने संघ के विचारों को अक्षरों में जनता तक पहुँचाने का कार्य किया?
(क) देशभक्त (ख) स्वदेश
(ग) स्वदेश–प्रेम (घ) देशबंधु

23. गुरुजी गोलवलकर के मार्गदर्शन में पं. दीनदयाल उपाध्याय ने 'भारत प्रकाशन' नामक संस्था का गठन कर किस अंग्रेजी साप्ताहिक अखबार की शुरुआत की, जिसने संघ के विचारों को अक्षरों में जनता तक पहुँचाने का कार्य किया?
(क) पेट्रियाट (ख) अवर नेशन
(ग) ऑर्गेनाइजर (घ) नेशनलिस्ट

24. गुरुजी गोलवलकर ने केवल प्रकाशन क्षेत्र में ही नहीं, समाचार वितरण के क्षेत्र में भी संघ को सक्रिय किया और स्वतंत्रता–प्राप्ति के तुरंत बाद सहकारिता के सिद्धांत पर पहली देवनागरी समाचार संस्था की स्थापना की। एक समय आकाशवाणी ने भी उस समाचार संस्था की सेवा लेनी आरंभ की। कुछ अंग्रेजी समाचारों ने भी इसकी सेवा ली। चीन द्वारा भारत पर आक्रमण का समाचार देश में सबसे पहले इसी समाचार संस्था ने दिया। उस वक्त के रक्षामंत्री कृष्ण मेनन ने इस समाचार के फ्लैश होते ही उस समाचार संस्था को यह

उत्तर के लिए कृपया पृष्ठ सं. 159 देखें

समाचार तत्काल वापस लेने की चेतावनी दे डाली, लेकिन उसने वह समाचार वापस नहीं लिया। उस समाचार संस्था का नाम क्या था?

(क) भाषा (ख) हिंदू समाचार

(ग) समाचार भारती (घ) हिंदुस्तान समाचार

25. मजदूरों को संगठित करने तथा उनका शोषण रोकने के लिए गुरुजी गोलवलकर के मार्गदर्शन में संघ ने किस संस्था का गठन किया?

(क) भारतीय कामगार संघ

(ख) भारतीय कामगार परिषद्

(ग) भारत मजदूर संघ

(घ) भारतीय मजदूर संघ

26. दुनिया भर में बिखरे हिंदुओं को संगठित करने के प्रयत्न के क्रम में गुरुजी ने किस संस्था की स्थापना कराने में पहल की?

(क) विश्व हिंदू परिषद् (ख) अखिल भारत हिंदू परिषद्

(ग) विश्व हिंदू संघ (घ) भारतीय हिंदू परिषद्

27. गौ-हत्या पर पाबंदी के प्रति पूरे देश में जन-जागरूकता लाने के लिए गुरु गोलवलकर द्वारा संघ के तत्त्वावधान में कौन सा अभियान चलाया गया?

(क) जेल भरो (ख) जुलूस

(ग) हस्ताक्षर अभियान (घ) चक्का जाम

28. गुरुजी गोलवलकर के मार्गदर्शन में संघ ने किस स्थान पर विवेकानंद स्मारक शिला का निर्माण कराया? यह वही शिला है, जिस पर बैठकर स्वामी विवेकानंद ने सन् 1892 में तीन दिनों तक चिंतन किया था।

(क) कन्याकुमारी (ख) रामेश्वरम्

(ग) पोरबंदर (घ) रत्नागिरि

उत्तर के लिए कृपया पृष्ठ सं. 159 देखें

29. क्या गुरुजी गोलवलकर राज्यों को भाषा के आधार पर अलग करने के समर्थक थे ?

(क) हाँ (ख) नहीं

(ग) पता नहीं (घ) सभी गलत

30. पुर्तगाल के कब्जे से गोवा को मुक्त कराने के लिए गुरु गोलवलकर के मार्ग-दर्शन में संघ के स्वयंसेवकों ने किस समिति की स्थापना की ?

(क) गोवा आजाद समिति (ख) गोवा मोचन समिति

(ग) गोवा मुक्ति समिति (घ) गोवा विमोचन समिति

31. गुरुजी गोलवलकर के मार्गदर्शन में दादर व नगर हवेली को पुर्तगालियों के कब्जे से राष्ट्रीय स्वयंसेवक संघ के सैकड़ों स्वयंसेवकों द्वारा कब मुक्त कराया गया ?

(क) 2 अगस्त, 1954 को (ख) 12 अगस्त, 1954 को

(ग) 22 अगस्त, 1954 को (घ) 9 अगस्त, 1954 को

32. पूरी जिंदगी 'संघ को हम कुचल देंगे' की घोषणा करनेवाले तत्कालीन प्रधानमंत्री जवाहरलाल नेहरू की सरकार ने पहली बार संघ को कब गणतंत्र दिवस की परेड के लिए आमंत्रित किया ?

(क) 26 जनवरी, 1962 को

(ख) 26 जनवरी, 1964 को

(ग) 26 जनवरी, 1963 को

(घ) 26 जनवरी, 1961 को

33. गुरुजी ने अपनी किस पुस्तक में हिंदू राष्ट्र की अवधारणा को बहुत सशक्त तरीके से पेश किया था ?

(क) बंच ऑफ थॉट्स (ख) माई लाइफ थॉट्स

(ग) नेशन थॉट्स (घ) नेशनलिस्ट थॉट्स

उत्तर के लिए कृपया पृष्ठ सं. 159 देखें

34. ''कोई भी दल समग्र देश का विचार नहीं करता। मैं समग्र देश का विचार करता हूँ, इसलिए मैं हिंदुओं के लिए कार्य करता हूँ; परंतु कल यदि हिंदू भी देश के हितों के विरुद्ध जाने लगें तो उनमें मेरी कौन सी रुचि रह जाएगी?'' यह किसका वक्तव्य है?

(क) जवाहरलाल नेहरू (ख) डॉ. श्यामाप्रसाद मुकर्जी

(ग) गुरुजी गोलवलकर (घ) पं. दीनदयाल उपाध्याय

35. ''श्रीगुरुजी न केवल इस देश के सबसे अधिक महत्त्वपूर्ण व्यक्ति हैं, अपितु वे देश के भाग्य-विधाता हैं। हिटलर से लेकर नासिर तक विश्व की बड़ी-बड़ी हस्तियों से मैं मिल चुका हूँ, किंतु श्रीगुरुजी जैसा प्रसन्नचित्त, आत्मविश्वासी और प्रभावी व्यक्तित्व अभी तक मेरे देखने में नहीं आया। ईमानदारी के साथ मुझे लगता है कि हिंदू-मुसलिम समस्या को सुलझाने के विषय में एकमात्र श्रीगुरुजी ही हैं, जो यथोचित मार्गदर्शन कर सकते हैं।'' यह किसका वक्तव्य है?

(क) जवाहरलाल नेहरू (ख) डॉ. सैफुद्दीन जिलानी

(ग) सरदार पटेल (घ) पं. दीनदयाल उपाध्याय

36. गुरुजी गोलवलकर के मार्गदर्शन में संघ ने छात्र-शक्ति को संगठित करने के लिए किस अखिल भारतीय संस्था का गठन किया?

(क) भारतीय विद्यार्थी परिषद्

(ख) अखिल भारतीय विद्यार्थी परिषद्

(ग) भारत विद्यार्थी परिषद्

(घ) भारतीय शिक्षा परिषद्

□

उत्तर के लिए कृपया पृष्ठ सं. 159 देखें

विदाई की वेला

1. गुरुजी गोलवलकर के सिर से पिता भाऊजी का साया कब उठ गया?
   (क) 1 जुलाई, 1954 को
   (ख) 21 जून, 1954 को
   (ग) 11 जुलाई, 1954 को
   (घ) 21 जुलाई, 1954 को
2. गुरुजी गोलवलकर के सिर से माता ताईजी का साया कब हट गया?
   (क) 11 अगस्त, 1962 को
   (ख) 2 अगस्त, 1962 को
   (ग) 12 अगस्त, 1962 को
   (घ) 12 मई, 1962 को
3. सन् 1949 से गुरुजी के दाएँ हाथ में सतत दर्द रहा करता था। अनेक उपायों के बावजूद वह थोड़ा भी कम न हुआ। अंततः वैद्यों की सलाह पर चाँदी की शलाका से दागने का इलाज करना निश्चित हुआ। इलाज के लिए तप्त शलाका से गुरुजी के कंधों को कितनी बार दागा गया?
   (1) 4 बार
   (2) 9 बार
   (3) 19 बार
   (4) 32 बार

उत्तर के लिए कृपया पृष्ठ सं. 159 देखें

4. गुरुजी ने स्वयंसेवकत्व के भाव में कभी भी अपनी सेहत का खयाल नहीं किया, जिसके फलस्वरूप मई 1970 में उनकी छाती में एक गाँठ निकल आई, जिसकी जाँच कराने पर वह कौन सा रोग निकला?
   (क) कैंसर
   (ख) फुंसी
   (ग) संक्रमण
   (घ) त्वचा रोग
5. गुरुजी ने कैंसर का ऑपरेशन कब कराया?
   (क) 11 जुलाई, 1970 को
   (ख) 21 जुलाई, 1970 को
   (ग) 1 जुलाई, 1970 को
   (घ) 30 जुलाई, 1970 को
6. गुरुजी का कैंसर का ऑपरेशन किस अस्पताल में हुआ था?
   (क) एम्स, दिल्ली
   (ख) टाटा मेमोरियल अस्पताल, बंबई
   (ग) सर गंगाराम अस्पताल, दिल्ली
   (घ) ब्रीच कैंडी अस्पताल, बंबई
7. गुरुजी का कैंसर का ऑपरेशन किस कैंसर रोग विशेषज्ञ डॉक्टर ने किया था?
   (क) डॉ. पुलकित देसाई
   (ख) डॉ. नीरज वानखेड़े
   (ग) डॉ. गौतम देशमुख
   (घ) डॉ. प्रफुल्ल देसाई
8. ''अपने विभिन्न प्रकार के कार्यों का समान उद्देश्य अपने राष्ट्र को उन्नत और विश्व-मान्य करना है। वातावरण कैसा भी हो, यह विश्वास रखकर आगे बढ़ो कि 'हिंदू' शब्द की ही सर्व दूर मान्यता

उत्तर के लिए कृपया पृष्ठ सं. 159 देखें

होगी। विजय-ही-विजय है।'' गुरुजी ने यह भाषण कब दिया, जो उनका अंतिम भाषण था ?

(क) 5 मार्च, 1974 को (ख) 25 मार्च, 1973 को
(ग) 25 मई, 1973 को (घ) 25 जून, 1973 को

9. गुरुजी किस तिथि को ब्रह्मलीन हो गए ?
(क) 15 मार्च, 1974 को (ख) 21 मार्च, 1973 को
(ग) 12 जून, 1973 को (घ) 5 जून, 1973 को

10. गुरुजी का निधन किस स्थान पर हुआ ?
(क) नाशिक में (ख) नागपुर में
(ग) पुणे में (घ) इंदौर में

11. गुरुजी का पार्थिव शरीर किस दिन पंचतत्त्व में विलीन हो गया ?
(क) 6 जून, 1973 को (ख) 5 जून, 1973 को
(ग) 7 जून, 1973 को (घ) 9 जून, 1973 को

12. गुरुजी का अंतिम संस्कार किस स्थान पर किया गया ?
(क) रामबाग, नागपुर (ख) मोहिते बाड़े, नागपुर
(ग) गुंलाबबाग, नागपुर (घ) रेशमबाग, नागपुर

13. अपने निधन से पूर्व गुरुजी ने संदेश और भावी योजनाओं के मार्गदर्शन हेतु 2 अप्रैल, 1973 को कितने पत्र लिखकर राष्ट्रीय स्वयंसेवक संघ के अखिल भारतीय व्यवस्था प्रमुख पांडुरंग पंत क्षीरसागर को सौंपे थे ?
(क) 2 (ख) 3
(ग) 5 (घ) 7

14. गुरुजी के पहले पत्र के अनुसार, अगले सरसंघचालक का दायित्व किसे सौंपा गया था ?
(क) बापूराव मोघे (ख) बाबाराव भिड़े
(ग) पांडुरंग पंत क्षीरसागर (घ) बालासाहब देवरस

उत्तर के लिए कृपया पृष्ठ सं. 159 देखें

15. गुरुजी ने अपने दूसरे पत्र में क्या महत्त्वपूर्ण बात कही थी ?
   (क) उनका भव्य स्मारक बने
   (ख) उनका धूमधाम से अंतिम संस्कार हो
   (ग) संघ भंग कर दिया जाए
   (घ) डॉ. हेडगेवार के अलावा किसी का स्मारक न बने

16. ''चरण-स्पर्श के लिए हाथ बढ़ाए। सदैव की भाँति पाँव पीछे खींच लिये। पूजनीय श्रीगुरुजी का पार्थिव शरीर दर्शन के लिए कार्यालय के कमरे में रखा था। आज उन्होंने मुझे चरण-स्पर्श करने से नहीं रोका। अपने पाँव पीछे नहीं हटाए। हार पहनने में विरोध नहीं किया। सिर पर प्रेम से हाथ नहीं फेरा। प्यार भरी मुसकान से नहीं देखा। हाल-चाल नहीं पूछा। वे अनंत निद्रा में निमग्न थे। हंस उड़ चुका था, काया के पिंजड़े को तोड़कर पूर्ण में विलीन हो चुका था। गुरुजी नहीं रहे। उनका विराट् व्यक्तित्व छोटी सी काया में कब तक कैद रहता ? जीवन भर तिल-तिल जलकर लाखों जीवनों को आलोकित-प्रकाशित करनेवाला तेजपुंज मुट्ठी भर हाड़-मांस के शरीर में कब तक सीमित रहता ? लेकिन गुरुजी हमेशा रहेंगे—हमारे जीवन में, हृदयों में, कार्यों में। अग्नि उनके शरीर को निगल सकती है, हृदय-हृदय में उनके द्वारा प्रदीप्त प्रखर राष्ट्रप्रेम तथा निस्स्वार्थ समाज-सेवा की चिनगारी को कोई नहीं बुझा सकता।'' गुरुजी के निधन के बाद ये मार्मिक उद्गार किसने व्यक्त किए ?
   (क) अटल बिहारी वाजपेयी ने
   (ख) पांडुरंगराव खानखोजे ने
   (ग) बाबाराव भिड़े ने
   (घ) भाऊराव देवरस ने

उत्तर के लिए कृपया पृष्ठ सं. 159 देखें

17. ''वर्ष 1969 में कैंसर के रोग ने उन्हें जकड़ लिया था। उनका जीवन अब अनिश्चित हो चुका था। मृत्यु निश्चित थी। केवल समय का सवाल था। फिर भी पूज्य गुरुजी ने अपना धीरज नहीं खोया था। वे निर्लेप थे। कैंसर के इलाज में जरा सी भी देरी उन्हें मौत के मुख में धकेल सकती थी, इसलिए संघ के अधिकारियों, डॉक्टरों, सभी ने निर्णय लिया कि गुरुजी का जल्द-से-जल्द ऑपरेशन करवाया जाए; लेकिन गुरुजी ने स्पष्ट कह दिया कि गरमी की छुट्टियों में संघ शिक्षा वर्ग का आयोजन हो चुका है और जब तक वह प्रवास पूर्ण नहीं होगा, तब तक ऑपरेशन करवाना उचित नहीं है। पीड़ा असह्य थी, लेकिन गुरुजी ने संघ कार्य और स्वकार्य में से संघ कार्य को ही पसंद किया। करीब ढाई महीने तक वे निरंतर प्रवास कार्यक्रम करते चले और देश के कोने-कोने में स्वयंसेवकों से मिलते रहे। जब तक उनका यह संकल्प पूर्ण नहीं हुआ, तब तक उन्होंने ऑपरेशन नहीं करवाया। बाद में जब वह पूर्ण हुआ, तब उन्होंने ऑपरेशन करवाया।'' गुरुजी के निधन के बाद ये उद्गार किसने व्यक्त किए थे?

(क) कुशाभाऊ ठाकरे ने

(ख) पं. दीनदयाल उपाध्याय ने

(ग) लालकृष्ण आडवाणी ने

(घ) नरेंद्र मोदी ने

18. ''इस नश्वर देह के लिए भगवान् के पास प्रार्थना करने की क्या जरूरत है? इस शरीर से वे जितना काम करवाना चाहेंगे, उतना करवाएँगे। उन्हें जब लगेगा कि मेरा काम समाप्त हो गया है तो मुझे अपने पास वापस बुला लेंगे। केवल अपने शरीर के लाभ के लिए मैं उनके पास प्रार्थना नहीं करूँगा।'' ये स्पष्ट उद्गार किसके थे?

(क) लाला हंसराज (ख) बालासाहब देवरस

(ग) गुरुजी गोलवलकर (घ) भाऊसाहब देशमुख

उत्तर के लिए कृपया पृष्ठ सं. 159 देखें

19. ''किसी भी विषय पर तर्कपूर्ण ढंग से विचार करने के लिए वे सदैव अपना द्वार खुला रखते थे। वे एक राजनीतिक दर्शनकार, प्रगाढ़ अध्येता और मनुष्यों, घटनाओं व विषयों के संबंध में जानकारी देनेवाले चलते-फिरते ज्ञानकोश थे। उनके विचारों में विज्ञान, धर्म और संस्कृति का एक सुंदर सम्मिश्रण था। वे उन लोगों में से नहीं थे, जो अपना दर्शन और अपने विचार दूसरों पर थोपते हैं; किंतु जो कुछ वे कहते थे या जिस पर चर्चा करते थे, उस पर पूरी निष्ठा रखते थे। अस्पताल से विदा लेते वक्त गुरुजी ने कहा था, 'मर्त्य मानव को चाहिए कि वह अपने स्वास्थ्य की अनावश्यक चिंता न करे। हर जीवित प्राणी कभी-न-कभी जाने ही वाला है। इसलिए मनुष्य कितने काल तक जीवित रहा, इससे भी अधिक महत्त्व इस बात का है कि उसने किस तरह जीवन व्यतीत किया'।'' गुरुजी के निधन के बाद ये उद्‍गार किसने व्यक्त किए थे?

(क) नानाजी देशमुख ने

(ख) बलराज मधोक ने

(ग) गुरुजी के कैंसर सर्जरीकर्ता डॉ. प्रफुल्ल देसाई ने

(घ) सुंदर सिंह भंडारी ने

20. ''कुछ लोग ऐसे होते हैं, जिनको बिना समझे ही हम घृणा करने लगते हैं। इस प्रकार के लोगों में गुरुजी गोलवलकर मेरी सूची में सर्वप्रथम थे। सांप्रदायिक दंगों में राष्ट्रीय स्वयंसेवक संघ की करतूतें, महात्मा गांधी की हत्या, भारत को धर्मनिरपेक्ष से हिंदू राज्य बनाने के प्रयास आदि अनेक बातें थीं, जो मैंने सुन रखी थीं। फिर भी, एक पत्रकार के नाते उनसे मिलने का मोह मैं टाल नहीं सका। मेरी कल्पना थी कि उनसे मिलते समय मुझे गणवेशधारी स्वयंसेवकों के घेरे में से गुजरना होगा; किंतु ऐसा नहीं हुआ। इतना ही नहीं, मेरी समझ थी, मेरी कार का नंबर नोट करनेवाला कोई मुफ्ती गुप्तचर

उत्तर के लिए कृपया पृष्ठ सं. 159 देखें

भी वहाँ होगा, पर ऐसा भी कुछ नहीं था। 65 वर्ष के लगभग आयु, इकहरी देह, कंधों पर झूलती काली घुँघराली केशराशि, मुखमुद्रा को आवृत्त करती उनकी मूँछें, विरल भूरी दाढ़ी, कभी लुप्त न होनेवाली मुसकान और चश्मे के भीतर से झाँकते उनके काले चमकीले नेत्र। मुझे लगा कि वे भारतीय हो ची-मिन्ह ही हैं। उनकी छाती के कर्क रोग पर अभी-अभी शल्यक्रिया हुई है, फिर भी वे पूर्ण स्वस्थ एवं प्रसन्नचित्त दिखाई दे रहे हैं। गुरु होने के कारण शिष्यवत् चरण-स्पर्श की वे मुझसे अपेक्षा करते हों, इस मान्यता से मैं झुका; परंतु उन्होंने मुझे वैसा करने का अवसर ही नहीं दिया। विभिन्न विषयों पर परस्पर खुलकर बातचीत हुई। क्या मैं प्रभावित हुआ? मैं स्वीकार करता हूँ कि 'हाँ'। उन्होंने मुझे अपना दृष्टिकोण स्वीकार कराने का कोई प्रयास नहीं किया, अपितु उन्होंने मेरे भीतर यह भावना निर्माण कर दी कि किसी भी बात को समझने-समझाने के लिए उनका हृदय खुला हुआ है।'' गुरुजी के बारे में ये उद्‍गार किस प्रख्यात पत्रकार के हैं?

(क) राजदीप सरदेसाई

(ख) खुशवंत सिंह

(ग) विद्यानिवास मिश्र

(घ) एम.जे. अकबर

21. ''पूज्य श्रीगुरुजी तपस्वी थे। उनका संपूर्ण जीवन तपोमय था। वे तो त्याग की साक्षात् मूर्ति ही थे। देश का इतना बड़ा संगठन राष्ट्रीय स्वयंसेवक संघ और उसके एकमात्र नेता श्रीगुरुजी। उन्होंने सादगी का आदर्श नहीं छोड़ा, क्योंकि वे जानते थे कि सादगी का आदर्श छोड़ने का स्पष्ट अर्थ है—दूसरे सहस्रों गरीबों के मुँह की रोटी छीन लेना। गुरुजी ने अपने जीवन में कर्मठता का जो आदर्श रखा है, वह अनुकरणीय है। समय-समय पर मेरा संघ के स्वयंसेवकों के साथ

उत्तर के लिए कृपया पृष्ठ सं. 159 देखें

संबंध आता रहा है। अकाल के समय संघ के स्वयंसेवकों ने जो कार्य किया, वह अपूर्व था। मैं जब भी उसका स्मरण करता हूँ, श्रद्धावनत हो जाता हूँ।'' गुरुजी के निधन के बाद किसने श्रद्धांजलि-स्वरूप ये उद्‌गार व्यक्त किए?

(क) जयप्रकाश नारायण (ख) इंदिरा गांधी

(ग) भाई महावीर (घ) पं. दीनदयाल उपाध्याय

☐

उत्तर के लिए कृपया पृष्ठ सं. 159 देखें

विविधा

1. वैचारिक स्तर पर संघ आज जहाँ खड़ा है, उसे निर्मित करने में सर्वाधिक श्रेय किसे दिया जाता है?
   (क) डॉ. केशव बलिराम हेडगेवार
   (ख) माधव सदाशिव गोलवलकर
   (ग) बालासाहब देवरस
   (घ) मोहन भागवत
2. हिंदुओं के अधिकारों की रक्षार्थ 'हिंदू सभा' की स्थापना किस दिन हुई?
   (क) 11 नवंबर, 1923 को (ख) 13 नवंबर, 1923 को
   (ग) 21 नवंबर, 1923 को (घ) 30 नवंबर, 1923 को
3. 'हिंदू सभा' का अध्यक्ष किसे बनाया गया था?
   (क) राजा लक्ष्मणराव भोंसले को
   (ख) मो.ग. तपस्वी को
   (ग) पं. बच्छराज व्यास को
   (घ) बापूराव मोघे को
4. 'हिंदू सभा' का उपाध्यक्ष किसे बनाया गया था?
   (क) भाऊराव देवरस को (ख) डॉ. मुंजे को
   (ग) बालासाहब देवरस को (घ) लाला हंसराज को

उत्तर के लिए कृपया पृष्ठ सं. 160 देखें

5. हिंदू सभा का मंत्री किसे बनाया गया?
   (क) वीर सावरकर को (ख) बच्छराव को
   (ग) मदनमोहन मालवीय को (घ) डॉ. हेडगेवार
6. 'हिंदुत्व' नामक ग्रंथ की रचना किसने की, जिसके डॉक्टरजी न केवल प्रशंसक रहे, बल्कि प्रचारक भी बन गए?
   (क) वीर सावरकर ने
   (ख) डॉ. सैफुद्दीन जिलानी ने
   (ग) सरदार पटेल ने
   (घ) पं. दीनदयाल उपाध्याय ने
7. संघ स्थापना के कितने महीने बाद उसका नामकरण हुआ?
   (क) छह महीने (ख) पाँच महीने
   (ग) दो वर्ष (घ) साढ़े छह महीने
8. संघ का विधिवत् नामकरण किस दिन हुआ था?
   (क) 13 अप्रैल, 1926 को
   (ख) 17 अप्रैल, 1926 को रामनवमी के दिन
   (ग) 7 अप्रैल, 1926 को
   (घ) 27 अप्रैल, 1926 को
9. संघ का नाम 'राष्ट्रीय स्वयंसेवक संघ' किसके द्वारा सुझाया गया था?
   (क) पांडुरंग कृष्ण सावलापुरकर
   (ख) अण्णा सोहोनी
   (ग) बैरिस्टर गोविंदराव देशमुख
   (घ) डॉ. नारायण भास्कर खरे
10. संघ के स्वयंसेवक को पहले क्या कहा जाता था?
   (क) धर्मसेवक (ख) सर्वसेवक
   (ग) स्वयंसेवी (घ) सभासद

उत्तर के लिए कृपया पृष्ठ सं. 160 देखें

11. संघ में लाठी–शिक्षा नियमित रूप से कब से दी जाने लगी ?
   (क) 30 मई, 1926 से
   (ख) 2 मई, 1926 से
   (ग) 28 अप्रैल, 1926 से
   (घ) 28 मई, 1926 से
12. संघ की लाठी आदि की शिक्षा में किसके अनेक आविष्कार स्मरणीय हैं, विशेषत: शस्त्र चलाते हुए दोनों पैरों पर दबकर खड़े रहने का पैंतरा तथा 'युद्ध योग' की पढ़ाई ?
   (क) बैरिस्टर गोविंदराव देशमुख
   (ख) डॉ. नारायण भास्कर खरे
   (ग) रघुनाथराव पांडे
   (घ) अण्णा सोहोनी
13. नागपुर से बाहर संघ की सबसे पहली संघ–शाखा कहाँ पर आरंभ हुई ?
   (क) वर्धा में (ख) पुणे में
   (ग) यवतमाल में (घ) नाशिक में
15. संघ के स्वयंसेवकों द्वारा गुरु के रूप में किसका पूजन किया जाता है ?
   (क) गुरुमूर्ति (ख) सरसंघचालक
   (ग) भगवा ध्वज (घ) किसी का नहीं
16. किस वर्ष से यह नीति आरंभ हुई कि संघ के योग्य स्वयंसेवकों को आगे की पढ़ाई के लिए नागपुर के बाहर सुदूर विश्वविद्यालयों में प्रवेश लेने भेजा जाए, जिससे कि संघ की अनेक शाखाएँ सुदूर स्थानों में प्रारंभ हो सकें ?
   (क) वर्ष 1925 से (ख) वर्ष 1927 से
   (ग) वर्ष 1929 से (घ) वर्ष 1928 से

उत्तर के लिए कृपया पृष्ठ सं. 160 देखें

17. इनमें से कौन विख्यात क्रांतिकारी संघ की मोहिते बाड़ा शाखा के स्वयंसेवक रहे ?

(क) राजगुरु (ख) भगतसिंह

(ग) श्री अरविंद (घ) सुखदेव

18. संगठित राष्ट्र की महाशक्ति को प्रकट करने के लिए चल रहे संगठन कार्य को तात्कालिक राजनीतिक आंदोलन की अपेक्षा अधिक महत्त्व देने की दूरदर्शिता दिखाते हुए वर्ष 1930 में गांधीजी द्वारा आहूत 'सविनय अवज्ञा आंदोलन' में संघ ने स्वयं भाग लिया या स्वयंसेवकों ने व्यक्तिगत रूप में ?

(क) संघ ने स्वयं भाग लिया

(ख) दोनों सही

(ग) कोई सही नहीं

(घ) स्वयंसेवकों ने व्यक्तिगत रूप में

19. वर्ष 1932 में नागपुर में आयोजित संघ विजयादशमी उत्सव के अवसर पर विशिष्ट अतिथि के रूप में वाराणसी से कौन पधारे थे ?

(क) बाबासाहब कोलते

(ख) माधवराव गोलवलकर

(ग) मदनमोहन मालवीय

(घ) बाबाराव सावरकर

20. महात्मा गांधी संघ के वर्धा (सेवाग्राम) शीत शिविर के अवलोकनार्थ शिविर में किस तिथि को पहुँचे थे ?

(क) 25 दिसंबर, 1934 को

(ख) 27 दिसंबर, 1934 को

(ग) 26 दिसंबर, 1934 को

(घ) 29 दिसंबर, 1934 को

उत्तर के लिए कृपया पृष्ठ सं. 160 देखें

21. महात्मा गांधी के साथ संघ के वर्धा (सेवाग्राम) शीत शिविर के अवलोकनार्थ और कौन-कौन आए थे?
   (क) महादेव भाई देसाई
   (ख) कुमारी मीरा बेन
   (ग) महादेव भाई देसाई एवं कुमारी मीरा बेन
   (घ) कोई नहीं

22. वर्ष 1934 में अकोला नगर में लगे संघ के अधिकारी शिक्षण वर्ग में डॉ. हेडगेवारजी ने किसे सर्वाधिकारी का दायित्व दिया, जिसे उन्होंने प्रशंसनीय ढंग से निभाया?
   (क) माधवराव गोलवलकर (ख) गोपालराव येरकुंटकार
   (ग) बाबा साहब खापर्डे (घ) बाबा साहब केदार

23. अक्तूबर 1936 में डॉक्टरजी श्री माधवराव गोलवलकर (श्रीगुरुजी) के बारे में क्या जानकर आश्चर्यचकित रह गए?
   (क) श्रीगुरुजी का विदेश गमन
   (ख) श्रीगुरुजी की सरकारी नौकरी
   (ग) श्रीगुरुजी की संसार से विरक्ति
   (घ) श्रीगुरुजी का अज्ञातवास

24. श्रीगुरुजी माधवराव गोलवलकर अक्तूबर 1936 में संसार से विरक्त होकर किस आश्रम में चले गए थे?
   (क) साबरमती आश्रम (ख) सारगाछी आश्रम
   (ग) रवींद्र आश्रम (घ) अरविंद आश्रम

25. श्रीगुरुजी माधवराव गोलवलकर बंगाल के सारगाछी आश्रम से कब वापस नागपुर लौटे और डॉक्टरजी की उनके विषय में चिंता दूर हुई?
   (क) नवंबर 1937 में (ख) मई 1937 में
   (ग) अगस्त 1937 में (घ) मार्च 1937 में

उत्तर के लिए कृपया पृष्ठ सं. 160 देखें

26. किस वर्ष स्वतंत्रता सेनानी वीर विनायक दामोदर सावरकर ने महाराष्ट्र में व्यापक रूप से स्थान-स्थान पर जाकर संघ के कार्यों को देखा, संघ-कार्य की आवश्यकता और उसकी सफलता की कामना की तथा हिंदुत्व के प्रचार-प्रसार के लिए उद्बोधन किए?

(क) वर्ष 1935 में (ख) वर्ष 1937 में

(ग) वर्ष 1938 में (घ) वर्ष 1936 में

27. बंगाल के सारगाछी आश्रम से वापस आकर माधवराव गोलवलकर (श्रीगुरुजी) ने किस वर्ष से संघ तथा डॉ. हेडगेवारजी से अपना संबंध पुन: जोड़ लिया?

(क) वर्ष 1937 से (ख) वर्ष 1938 से

(ग) वर्ष 1939 से (घ) वर्ष 1936 से

28. लाहौर में प्रथम बार लगे अधिकारी शिक्षण वर्ग में डॉक्टरजी 22 अगस्त, 1938 को पहुँचे। उनके साथ और कौन-कौन गए थे?

(क) नाना साहब आप्टे

(ख) माधवराव गोलवलकर

(ग) अकेले गए

(घ) नाना साहब आप्टे एवं माधवराव गोलवलकर

29. अपने उत्तराधिकारी की खोज के क्रम में डॉ. हेडगेवार ने अपने किस अनन्य सहयोगी से यह प्रश्न पूछा था, "मेरे स्थान पर गोलवलकरजी को सरसंघचालक बना दिया जाए तो कैसा रहेगा?"

(क) विट्ठलराव पतकी से (ख) अप्पाजी जोशी से

(ग) नाना साहब टालाटुले से (घ) बबनराव पंडित से

30. अपने उत्तराधिकारी की खोज के क्रम में डॉ. हेडगेवार किसे देख रहे थे कि वे संघमय बनने की दिशा में तेजी से पग बढ़ा रहे थे?

(क) रामभाऊ रजवाडे (ख) गणपतराव नलावडे

(ग) नाना साहब आप्टे (घ) माधवराव गोलवलकर

उत्तर के लिए कृपया पृष्ठ सं. 160 देखें

31. कलकत्ता में पहली संघ शाखा का शुभारंभ कराने नागपुर से डॉक्टरजी ने किसे भेजा था?
   (क) गुरुजी एवं विट्ठलराव पतकी
   (ख) विश्वनाथराव केलकर एवं गणपतराव नलावडे
   (ग) भाऊराव देवरस एवं बाबा साहब आप्टे
   (घ) गणपतराव नलावडे एवं रामभाऊ रजवाडे

32. जुलाई 1939 में गंभीर अस्वस्थता के दौरान जीवन और मृत्यु के बीच झूलते डॉक्टरजी की किसने अनन्य निष्ठा से 20–22 घंटे जागकर सेवा की थी?
   (क) केशव जगन्नाथ आकूत
   (ख) डॉ. गोविंदराव दामले
   (ग) डॉ. पांडुरंग राव
   (घ) श्रीगुरुजी

33. 20 जून, 1940 को सबके सामने डॉक्टरजी ने ये शब्द किससे कहे थे, "अब लंबर-पंक्चर करने तक का समय आ गया है। मैं बच गया तो ठीक ही है, नहीं तो आगे संघ का सब काम आप सँभालिए।"
   (क) विट्ठलराव पतकी
   (ख) श्रीगुरुजी
   (ग) अप्पाजी जोशी
   (घ) नाना साहब टालाटुले

34. संघ की गतिविधियों में निष्ठापूर्वक भाग लेनेवाला प्रत्येक सदस्य क्या कहलाता है?
   (क) देशभक्त
   (ख) मातृभक्त
   (ग) सेवक
   (घ) स्वयंसेवक

उत्तर के लिए कृपया पृष्ठ सं. 160 देखें

35. संघ में भगवा ध्वज को गुरु का स्थान दिया गया है और प्रतिवर्ष व्यास पूर्णिमा के दिन उसकी पूजा की जाती है। उस दिन स्वयंसेवक श्रद्धापूर्वक अपनी भेंट ध्वज के आगे अर्पित करते हैं। इसे क्या कहा जाता है?

(क) दक्षिणा (ख) गुरु–दक्षिणा

(ग) संघ–दक्षिणा (घ) राष्ट्र–दक्षिणा

36. गणवेश पर आनेवाला खर्च कौन वहन करता है?

(क) स्वयंसेवक (ख) संघ

(ग) सरकार (घ) निजी संस्थान

□

उत्तर के लिए कृपया पृष्ठ सं. 160 देखें

उत्तरमाला

बचपन

1. (घ) माधव सदाशिवराव गोलवलकर
2. (क) 19 फरवरी, 1906
3. (घ) नागपुर
4. (ख) रायकर
5. (क) सदाशिव राव
6. (घ) लक्ष्मीताई
7. (ख) मधु
8. (ख) 2
9. (क) अमृत
10. (घ) 3 साल
11. (ग) 15 वर्ष
12. (ग) टायफाइड से
13. (ख) भाऊ
14. (घ) ताई
15. (क) स्वयं गुरुजी
16. (घ) गोलवली
17. (क) पाध्ये
18. (ख) पुरोहित
19. (घ) पुरोहिती
20. (ग) नागपुर
21. (क) अध्यापक
22. (घ) सरायपल्ली
23. (ग) बहुत तेज
24. (ख) एक पाठी
25. (ग) रामचरितमानस
26. (क) पुस्तकें पढ़ना
27. (घ) अंग्रेजी
28. (ग) शेक्सपीयर
29. (ख) भाषण कला

शिक्षा

1. (क)1922 में
2. (ग) डॉक्टर
3. (घ) हिसलॉप कॉलेज, नागपुर
4. (ख) प्रोफेसर गार्डनर
5. (घ) बाँसुरी
6. (ग) 1924 में
7. (क) बनारस हिंदू विश्वविद्यालय
8. (ग) 180
9. (घ) टेनिस
10. (ख) 1926 में
11. (क) 1928 में

12. (घ) मत्स्य जीवन पर
13. (ग) मद्रास मत्स्यालय
14. (ख) वैराग्य
15. (ग) क व ख दोनों
16. (क) घर की आर्थिक तंगी के कारण
17. (घ) हिसलॉप महाविद्यालय, नागपुर
18. (ग) 15
19. (क) बनारस हिंदू विश्वविद्यालय
20. (ख) 1931 में
21. (ग) प्राणिशास्त्र
22. (क) 3 वर्ष
23. (क) बनारस हिंदू विश्वविद्यालय
24. (ग) 1931 में
25. (घ) भैयाजी दाणी
26. (ख) भैयाजी दाणी
27. (क) सन् 1932 में विजयादशमी के अवसर पर नागपुर में
28. (ख) नागपुर
29. (क) वकालत
30. (घ) नागपुर विधि महाविद्यालय
31. (ग) 1935 में
32. (क) दत्तोपंत देशपांडे
33. (ख) 1934 में
34. (घ) संघ की केंद्रीय शाखा का कार्यवाह

राष्ट्र-निर्माण

1. (ख) अविवाहित रहे
2. (क) सरगाछी आश्रम
3. (क) स्वामी अखंडानंद
4. (ख) रामकृष्ण परमहंस के
5. (घ) 1936 में
6. (ग) 13 जनवरी, 1937 में
7. (क) स्वानी अखंडानंद ने
8. (क) स्वामी अखंडानंद के
9. (ग) सन् 1938 से
10. (ख) सर्वाधिकारी
11. (क) सिंदी
12. (घ) 22 मार्च, 1939 को
13. (ख) 13 अगस्त, 1939 को
14. (क) 3 जुलाई, 1940 को
15. (घ) बाबा साहब पाध्ये ने
16. (क) 5 अगस्त, 1940 को
17. (क) सैन्य प्रशिक्षण बंद करके
18. (ग) 28 अप्रैल, 1943 को
19. (घ) एम.पी. जोग
20. (क) खाकी कमीज और खाकी निकर
21. (ख) सफेद कमीज, खाकी निकर
22. (घ) 34 वर्ष
23. (क) संघ दक्ष
24. (ग) संघ आरम
25. (ख) गण
26. (ग) वाहिनी

27. (घ) घोष
28. (क) मार्च, 1937 में

अग्नि-परीक्षा

1. (क) गुरुजी की रणनीति के तहत
2. (ख) हाँ
3. (घ) 1,500
4. (ग) करीब दो लाख
5. (ख) प्रचारकों को
6. (घ) 3 पैसे
7. (ग) खाकसारों का
8. (ख) सांस्कृतिक
9. (ग) सन् 1940 में
10. (क) पं. प्रेमनाथ डोगरा
11. (घ) बलराज मधोक
12. (ग) अक्तूबर 1946 में
13. (ख) जवाहरलाल नेहरू ने
14. (क) गुरु गोलवलकर ने
15. (घ) गुरु गोलवलकर ने
16. (ख) महात्मा गांधी की हत्या के बाद
17. (क) 13 दिन
18. (ग) 2 फरवरी, 1948 को
19. (ख) 4 फरवरी, 1948 को
20. (क) 20,000
21. (ख) संघ विसर्जन
22. (घ) धारा-302
23. (ग) 6 अगस्त, 1948 को
24. (क) 16 अक्तूबर, 1948 को
25. (घ) सरदार पटेल
26. (ग) बंगाल स्टेट प्रिजनर्स ऐक्ट
27. (ख) राष्ट्र व्यापी सत्याग्रह
28. (घ) संघ के खिलाफ आरोप सिद्ध करो या प्रतिबंध हटाओ
29. (ख) 77,090
30. (क) गजानन विश्वनाथ केतकर
31. (ग) 22 जनवरी, 1949 को
32. (क) संघ का लिखित संविधान दें
33. (घ) टी.आर. व्यंकटराम शास्त्री ने
34. (ख) तमिलनाडु के पूर्व महाधिवक्ता
35. (क) 4
36. (घ) पं. दीनदयाल उपाध्याय
37. (ख) जून 1949 में
38. (ग) 12 जुलाई, 1949 को
39. (ख) 13 जुलाई, 1949 को

संगठन-कौशल

1. (घ) ढाई लाख
2. (क) भारत मंथन
3. (ग) संघ राजनीतिक दल न बन जाए
4. (ख) संघ के स्वयंसेवक कांग्रेस के सदस्य बन सकते हैं
5. (क) वर्ष 1950 में

6. (घ) डॉ. श्यामाप्रसाद मुकर्जी
7. (घ) भारतीय जन संघ
8. (घ) गुरुजी गोलवलकर
9. (ग) 21 अक्तूबर, 1951 को
10. (ख) बलराज मधोक
11. (घ) बलराज मधोक
12. (क) डॉ. श्यामाप्रसाद मुकर्जी
13. (घ) 94
14. (ख) 742
15. (क) जवाहरलाल नेहरू
16. (ख) 489 में से 3
17. (घ) 3,283 में से 35
18. (ख) नहीं
19. (घ) प्रकाशन के जरिए
20. (क) राष्ट्रधर्म
21. (ग) पाञ्चजन्य
22. (ख) स्वदेश
23. (ग) ऑर्गेनाइजर
24. (घ) हिंदुस्तान समाचार
25. (घ) भारतीय मजदूर संघ
26. (क) विश्व हिंदू परिषद्
27. (ग) हस्ताक्षर अभियान
28. (क) कन्याकुमारी
29. (ख) नहीं
30. (घ) गोवा विमोचन समिति
31. (क) 2 अगस्त, 1954 को
32. (ग) 26 जनवरी, 1963 की
33. (क) बंच ऑफ थॉट्स
34. (ग) गुरुजी गोलवलकर
35. (ख) डॉ. सैफुद्दीन जिलानी
36. (ख) अखिल भारतीय विद्यार्थी परिषद्

विदाई की वेला

1. (घ) 21 जुलाई, 1954 को
2. (ख) 12 अगस्त, 1962 को
3. (घ) 32 बार
4. (क) कैंसर
5. (ग) 1 जुलाई, 1970 को
6. (ख) टाटा मेमोरियल अस्पताल, बंबई
7. (घ) डॉ. प्रफुल्ल देसाई
8. (ख) 25 मार्च, 1973 को
9. (घ) 5 जून, 1973 को
10. (ख) नागपुर में
11. (क) 6 जून, 1973 को
12. (घ) रेशमबाग, नागपुर
13. (ख) 3
14. (घ) बालासाहब देवरस
15. (घ) डॉ. हेडगेवार के अलावा किसी का स्मारक न बने
16. (क) अटल बिहारी वाजपेयी
17. (घ) नरेंद्र मोदी
18. (ग) गुरुजी गोलवलकर
19. (ग) गुरुजी के कैंसर सर्जरीकर्ता डॉ. प्रफुल्ल देसाई
20. (ख) खुशवंत सिंह
21. (क) जयप्रकाश नारायण

विविधा

1. (ख) माधव सदाशिव गोलवलकर
2. (क) 11 नवंबर, 1923 को
3. (क) राजा लक्ष्मणराव भोंसले को
4. (ख) डॉ. मुंजे को
5. (घ) डॉ. हेडगेवार को
6. (क) वीर सावरकर ने
7. (घ) साढ़े छह महीने
8. (ख) 17 अप्रैल, 1926 को रामनवमी के दिन
9. (क) पांडुरंग कृष्ण सावलापुरकर
10. (घ) सभासद
11. (घ) 28 मई, 1926 से
12. (घ) अण्णा सोहोनी
13. (क) वर्धा
15. (ग) भगवा ध्वज
16. (घ) 1928 में
17. (क) राजगुरु
18. (घ) स्वयंसेवकों ने व्यक्तिगत रूप में
19. (ख) माधवराव गोलवलकर
20. (क) 25 दिसंबर, 1934 को
21. (ग) महादेव भाई देसाई एवं कुमारी मीरा बेन
22. (क) माधवराव गोलवलकर
23. (ग) श्रीगुरुजी की संसार से विरक्ति
24. (ख) बंगाल में सारगाछी आश्रम
25. (घ) मार्च 1937 में
26. (ख) वर्ष 1937 में
27. (ख) वर्ष 1938 में
28. (घ) नाना साहब आप्टे एवं माधवराव गोलवलकर
29. (ख) अप्पाजी जोशी से
30. (घ) माधवराव गोलवलकर
31. (क) गुरुजी एवं विट्ठलराव पतकी
32. (घ) श्रीगुरुजी
33. (ख) श्रीगुरुजी
34. (घ) स्वयंसेवक
35. (ख) गुरुदक्षिणा
36. (क) स्वयंसेवक

□□□